走出思想的边界

knowledge-power
读行者

中国是从哪里来的

通史篇 ①

许宏 等 著

图书在版编目（CIP）数据

中国是从哪里来的 . 通史篇 .1 / 许宏等著 . -- 长沙 : 岳麓书社 , 2024.7
ISBN 978-7-5538-2091-0

Ⅰ.①中… Ⅱ.①许… Ⅲ.①中国历史—通俗读物 Ⅳ.① K209

中国国家版本馆 CIP 数据核字（2024）第 101279 号

ZHONGGUO SHI CONG NALI LAI DE.TONGSHI PIAN.1
中国是从哪里来的 . 通史篇 .1

著　　者：许　宏 等
责任编辑：丁　利
总 策 划：谭木声
监　　制：秦　青
策划编辑：康晓硕
营销编辑：柯慧萍
封面设计：崔浩原
版式设计：李　洁
内文排版：麦莫瑞
岳麓书社出版
地址：湖南省长沙市爱民路 47 号
直销电话：0731-88804152　88885616
邮编：410006
2024 年 7 月第 1 版　2024 年 7 月第 1 次印刷
开本：680 mm × 955 mm　1/16
印张：18.5
字数：213 千字
书号：ISBN 978-7-5538-2091-0
定价：58.00 元
承印：三河市天润建兴印务有限公司

若有质量问题，请致电质量监督电话：010-59096394
团购电话：010-59320018

二里头遗址出土的方格纹铜鼎

殷墟出土的刻有卜辞的甲骨

利簋,又称武王克商簋

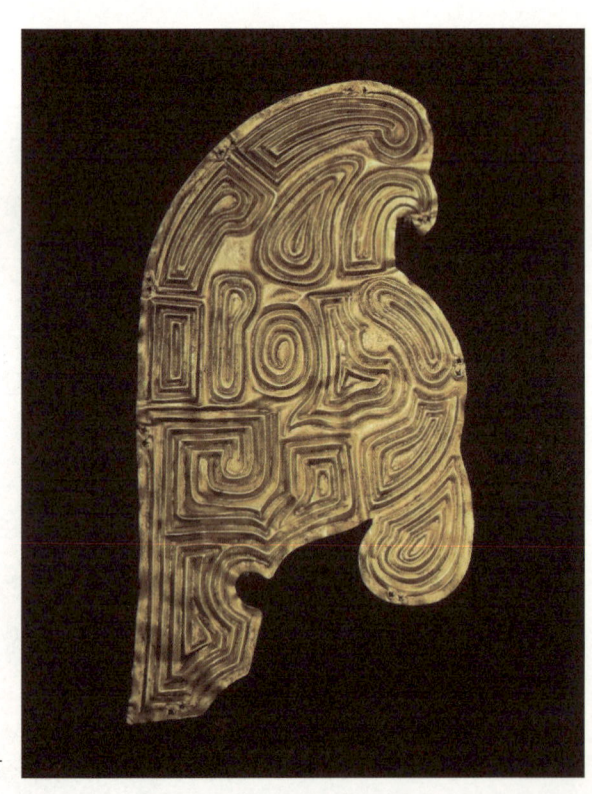

秦国鸷鸟形金饰片

秦俑坑出土的将军俑

秦俑坑出土的铜车马

汉代五铢钱

马王堆汉墓帛书《老子》

东汉光武帝刘秀像

出版说明

有关中国通史的著作已有很多，吕思勉、钱穆、翦伯赞等大家的著述在前，为什么要读这套书？

时间。最大的原因是时间。

历史学是关于时间流转的学问，历史学本身也在流转，其变化虽然不像自然科学那么一日千里，但近几十年，随着考古新发现、新材料的利用和社会科学方法的引入，中国历史学研究开始提速变道，在方法和视野上与传统史学相比，有了重大改变，获得了若干新结论。其中有很多东西无比精彩、无比烧脑，是吕思勉、钱穆、翦伯赞时代的历史学家所无法想见的。因此，他们的著作已经不能展现今日历史研究对中国历史面貌的最新描绘了。

如何把专业研究圈子里的这些新方法、新结论向公众传播，勾勒一段新的、更接近真实历史的中国历史，在今天成为一个问题。

在过去，这不是问题。过去的历史学家重视"通"，"究天人之际，通古今之变，成一家之言"是每一个历史学家的天命。在钱穆等大师之后，通才凋谢，没有人能像这些前辈学者一样，一个人讲通一部中国通史。

这不是说后辈不如前人，而是因为学术本身进入了高度专业化细分时代，历史研究分化出政治史、社会史、经济史、外交史、学术史、环境史、科学技术史等方向，况且每一个方向都随着近年的考古新发现和新材料的出现而涌现出巨量的信息，还要求把学界最新、最有价值的学术研究成果糅在其中。这超出了人力的极限，纵使钱穆再生，也无能为力。

那怎么办？

为了打造出一套真正过硬的中国通史读物，我们做出了一次前所未有的尝试，把中国历史学界的顶尖学者聚集到一块儿来给普通中国人讲述中国通史。我和我的伙伴们阅读了当代中国顶尖历史学者和最具潜力的学术新星的著作，用了整整一年半的时间，跑到中国最好的大学和研究机构去听他们讲课。我们听到了他们对中国历史的观点和态度，也听到了他们的谦虚、严谨，以及他们对历史最大的恭敬之心。

这些学者的研究领域覆盖了中国历史的各个时期和方方面面，从二里头早期文明到秦汉大一统，从盛唐两宋的繁华到明清社会的转变；从古代地理到政治、经济，乃至文化。这些学者在各自的领域都堪称大家，他们将用深入浅出、见微知著的方式，为我们讲述他们研究最深入、最擅长讲解的一段历史，让我们领略中国历史的广博和纵深全貌。

这些大家中，有亲自主持中国夏商周考古几十年的一线考古人许宏教授，有秦汉历史研究方面最杰出的学者王子今"子老"，有家学渊源深厚、领军宋史研究的邓小南教授，还有中国社会科学院古代史研究所所长卜宪群教授、北京大学历史学系的张帆教授、南京大学的胡阿祥教授、中央民族大学的李鸿宾教授……书中每一位作者，也就是主讲人,都是各自领域的一时之选。

可以说,在中国历史研究方面,全世界没有任何一所大学的历史系有这样量级的教授阵容。

而且,这些学者讨论的问题都是学术研究的前沿。比如许宏老师在开篇就讲到"最早的中国",这个问题是考古学界和历史学界最热门的论题,它不仅关系到夏王朝怎么定义,还关系到我们怎么看待自己的文化自信。许宏老师在全书开篇讨论这个问题,体现了最大的诚意。这真是我们的幸运。

随着阅读的深入,读者会慢慢发现,前面某一位老师的观点,也许会被后面的另一位老师推翻。那么,到底该听谁的呢?这恰恰是我们所高兴见到的情况。所谓学问,本来就该是在学中问,在问中学,从来都不是一家之言。我们经过了那么多年的"被教育",终于到了停下来回头看、停下来反省、停下来思考的时候了。我们敢正视自己的无知,正视自己的幼稚,正视自己的短处,这就是一个文明旺盛生命力的开始。

当你开始这部中国通史的学习时,你的大脑会逐渐颠覆过去的陈词滥调,建构出全新的历史观、中国观和世界观。你不仅将重新理解过去,还将重新理解当下。看过千年的跌宕,无论面对多么纷繁的世相,你都将内心安定、游刃有余。

这样高质量的学习,你准备好开始了吗?

新亚文化　谭木声

目录 Contents

第一章　先　秦
——从文明起源到百家争鸣

最早的中国 /002

二里头的中国之最 /010

从二里头探寻早期中国 /019

人文初祖 /026

禅让制度 /032

从国天下到家天下 /039

商汤灭夏与殷都屡迁 /046

甲骨文的世界 /053

武王灭商 /061

成康之治 /068

共和行政 /076

平王东迁 /082

儒家：长夜中的光辉 /091

孟荀：大丈夫与性本恶 /099

被忽略的墨家 /107

五千言中见大千 /116

法家：权术之道 /125

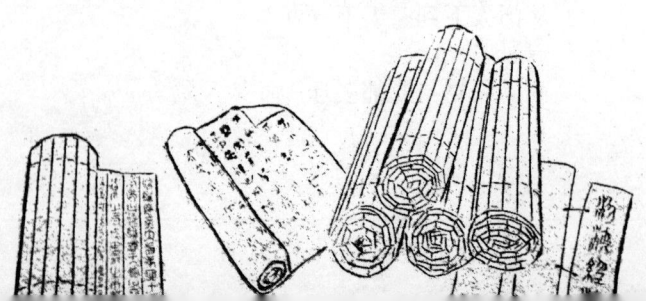

第二章　秦 汉
——统一多民族封建国家的建立

秦的崛起 /134

秦的统一 /141

千古一帝秦始皇 /150

焚书坑儒 /158

大泽乡暴动 /167

楚汉春秋 /175

汉并天下 /183

英雄歌哭：刘项的表情 /190

刘邦与西汉的开国 /199

文景之治 /209

雄才大略的汉武帝 /218

西汉中晚期的政局 /240

王莽与新朝 /249

光武中兴 /257

东汉中晚期的政局与社会 /265

党锢之祸与黄巾起义 /272

第一章 先秦

从文明起源到百家争鸣

最早的中国

文:许宏

中国历史,总得有个起源,究竟该从哪里算起呢?

我们都听过这样一个说法:中国有5000年的悠久历史。如果按照司马迁在《史记·夏本纪》中记述的最早的王朝从夏朝算起,中国历史也不过4000年左右。那么,中国历史到底是几千年呢?

"五千年"的说法与同盟会

其实,"五千年"的说法与孙中山等成立的同盟会有关。

1908年,同盟会陕西分会在祭祀黄帝的祭文中,第一次明确把黄

第一章　先秦——从文明起源到百家争鸣

帝作为汉族人民的祖先和民族象征。此后，黄帝又从汉民族的祖先升华到全中华民族共祖的空前地位，这其实是现代中国一系列社会政治重建的结果。辛亥革命后，孙中山就任临时大总统，通电各省，以黄帝纪元4609年为中华民国元年。

可是，连司马迁在《史记》里也没有明确黄帝在世的具体年代，孙中山这个各省通电中的说法是从哪里来的呢？

孙中山这个通电的年代数据，据说来自当时同盟会创办的报纸《民报》。在清末民初，中国曾经兴起一股"黄帝热"。有人推测《民报》采取了北宋理学家邵雍《皇极经世书》的说法，认为黄帝纪年接近5000年。因此我们可以看到，中国具有5000年历史这个观念其实是很晚才形成的。

这个观念形成的时代背景，是中国近代这多灾多难的100多年里，中国人失去了以往高度的自尊、自信。我们被打得清醒过来，清醒之后又颓废，感觉自己处处不如人。在那个时候，中国太弱了，必须建构起一种民族主义的统一感，用自己的文化传统对抗外来的西方文明，来建构国族认同、文化认同，于是我们把中国古典文献中传说时代的一位圣王——黄帝作为中华民族的共同祖先。

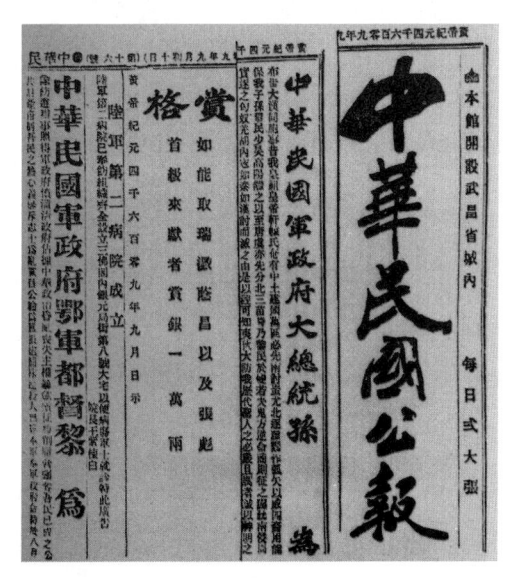

湖北军政府创办的《中华民国公报》，日期标注为黄帝纪元4609年

作为中国人，本身会有这种在救亡图存的环境下生发出的复杂的心路历程。我特别理解清末知识分子把黄帝作为中国5000年历史开端的心态，这种对共同祖先的追溯，这种寻根问祖的工作，是当时的中国人不得不做的。

寻根问祖的考古人

我们考古人对于上古中国的认识和建构，也是一种寻根问祖，是学术上的寻根问祖。但是作为一个学者，在追求史实复原和建构国族认同的过程中，是否应该把我们的国族认同建构在迫近真实历史的基础上呢？

如果我们冷静、客观地从考古学的视角看，那么狭义的、作为政治实体的中国就只能上溯到距今大约3700年的时候，从作为核心文化的广域王权国家的形成开始算起。广域王权，顾名思义，就是说这个国家形态的特征在于拥有较为广阔的管控范围，国家统治者也具有相对有力的控制权。

对于我们熟悉的广袤的中华人民共和国的版图，我更愿意用地理的概念把它称作"东亚大陆"，因为在我所阐述的距今大约3700年的时候，是没有一个庞大的"中国"存在的。在东亚大陆这个地理板块里，最初真正作为核心文化的一个政治实体，不管是叫广域王权国家，还是叫"国上之国"，它只是产生在被我们称为中原的这样一个狭小的地域范围里。最初的东亚大陆是"满天星斗"的状态，族群邦国林立。

现在，我们学术界倾向于用社会发展程度、用社会组织形态来划分大的时代。

在东亚大陆这块土地上，最先是大体平等的前国家时代，然后是邦国（或古国）时代，也就是没有中心的多元化时代，再往后是王国时代，就是有中心的多元化时代。到了那个时候，以考古学上的二里头文化为代表的"二里头集团"出现了，它是广域王权国家的先导，可能是夏王朝的遗存，而后商王朝出现了，但它们顶多是盟主，而不具有像后来的帝国郡县制那样绝对的行政统驭权。到了秦汉时代开始的帝国时代，就是一统、一体化了。基本上是这样三个大的阶段。这其中，二里头和秦王朝是两个大的节点。因此，我们说二里头是最早的中国，意味着在二里头之前，并不存在更早的作为中央之邦的"中国"特征。

二里头：最早的中国

在我看来，二里头就是最早的中国。要论证这样一种观点，其实是需要很大勇气的，甚至要挑战许多人的认知，还要接受别人的质疑。那么，我这样的说法到底有没有依据，能不能站住脚呢？

我们学术界有一个概念，就是China before China，也就是"中国之前的中国"。如果说二里头是最早的中国，那么在二里头之前，没有哪一个政治实体可以称为中国，因为那些区域性的文化或原初的文明基本上都没有突破具体的地理单元，比如一条河流的流域、一个盆地及其周边地区，没有突破这样的自然地理框架，因而它们只是区域性的文化。现在中华人民共和国的版图面积和欧洲差不多，而当时东亚大陆的政治态势和现在的欧洲也几乎是一样的，那就是邦国林立，而不是说有一个大的作为核心文化的政治实体。先秦文献《左传》中，

大禹像，南宋马麟绘

有"禹会诸侯于涂山，执玉帛者万国"的记载，就是大禹召集诸侯会盟那个时候已经有一万个国家。当然这是虚数，那个时候就是万邦林立、万国林立这样一种情形，我们称之为前中国时代。

大禹治水，这只是个象征，还不能看作史实，但是从那个时候开始，逐渐有社会整合了。

在新石器时代晚期，也就是距今7000年至3800年前后这3000多年里，东亚大陆从东到西、从南到北有多个区域性的文化或是史前文明出现了。那个时候，东亚各地居民特别喜爱玉器，玉石加工特别发达，最初就是利用物理变化把玉石做成人工制品，玉器成为精神上的寄托物，我们可以称其为东亚大陆的"玉器时代"。

到了距今4000年前后，最早的青铜器出现了，但青铜冶铸技术是怎么来的，还有争议。越来越多的证据表明，东亚大陆的青铜技术应该是引进的，是受外界影响而出现的。青铜的出现，导致了整个东亚大陆社会面貌的改变。大体上在距今4000年前后，有一个大的断裂，从那时开始，像考古学上的二里头文化、二里岗文化、殷墟文化，也就是所谓的夏商文化这样的中原文明出现了，超越地理单元的、积极向外扩张辐射的中心出现了。

其中二里头文化距今3800年至3500年，二里岗文化距今3500年至3300年，殷墟文化距今3300年至3000年。这三个前后相继的考古学文化的核心区域都在今天的河南省境内，向外辐射到周边区域。我现在是二里头考古队的队长，二里头这个遗址在早期中国的都邑中既不是最大的，也不是最早的，但它是整个东亚大陆人类群团从多元走向一体，从"满天星斗"变成"月明星稀"的一个节点，而青铜的出现、青铜时代的到来在其中起到了极大的催化作用。

前面讲的是我们从考古学观察到的现象，从多元到初步的一体化，其中有大的节点。而中国有极其丰富的古典文献资源，我们不能无视其存在。考古学与古典文献相结合的整合研究，是古史探索的必由之路。但这种整合研究也不是没有问题的。

从司马迁的《史记》开始，三代王朝夏、商、周被认为是华夏族群的成年礼。但是三代最初的夏和商王朝前期的状态还扑朔迷离，现在还有争议。

殷墟：中国信史的开端

中国考古学诞生之后的近百年以来，一直存在着文献史学和考古学两大话语系统，这两大话语系统最初是边界明显的：一边是历史文献上的伏羲、女娲、三皇五帝、夏商周三代王朝；一边是考古学上以遗址所在的小地名命名的仰韶文化、龙山文化、二里头文化、二里岗文化，以及它们所代表的时代。这两大话语系统的合流是在殷墟。如果说此前还属于传说时代，那么从这时起就进入了信史时代。

为什么说两大话语系统的合流是在殷墟，而殷墟是中国信史时代

1923年《晨报副刊》上刊登的讨论甲骨文历史及其价值的文章

的开端呢？有一个不可逾越的条件，就是当时出现了可以证明考古学文化的主人的族属和王朝归属的文字材料——著名的甲骨文。有了甲骨文，这两大话语系统才能合流，才能以族名或朝代名来称呼它们的使用者。考古学一个最基本的研究方法就是由已知推未知，从我们称为信史、有文献记载可以引证的时代，从这里开始往前追，但再往前就进入扑朔迷离的传说时代了。王国维先生的"二重证据法"，就是通过把地上的文字材料和地下的文字材料相结合来确证殷商王朝的存在。要注意这里说的都是文字材料，证明出土甲骨文的殷墟时期已经是信史了。在那之前没有内涵丰富的文字材料，也就没有信史可言。

在前殷墟时代，如果我们把考古学遗存与文献记载的族属、王朝归属相对应，只能是推论和假说，就是因为没有直接性的文字材料可以互证。所以在大的历史分期上，我们习惯于根据文字材料的有无和利用程度，把全部历史时段分成历史时期、原史时期和史前时期。历史时期在英文中就叫作history，这是有明确文字记载的时期；原史时期叫作proto-history，这个时期文字开始零星出现，但还不足以解决狭义的历史问题，或者只能使用晚近的追述性文献材料；史前时期叫作pre-history，是完全没有文字、文字材料的时代。那么，从偏于保守的考古学者的立场出发，我认为在甲骨文那样的"内证性"的文书材料发现之前，我们还不能确认夏和商代早期的具体考古遗存，这还有待于进一步探究。

如前所述，一方面，我们有丰富的历史文化传统，有丰富的文献；另一方面，我们也把证经补史作为20世纪下半叶以来中国考古学的一个重要研究目标，有大量的学者参与包括二里头在内的夏和商代遗址的发掘和研究，甚至就几处重要的中心聚落的性质展开论战。

但是，将主要的关注点放在无法确证的历史文献和考古遗存间"对号入座"式的比附分析上，根本无助于解答早期中国的形成问题。因而，我们将研究的重心放在比较实在的考古学视角的探究上。

二里头的中国之最

文：许宏

最早的青铜礼器群

在二里头发生历史大突破之前，当时的东亚大陆已经有红山文化、大汶口文化、良渚文化、仰韶文化等异彩纷呈的区域文化。二里头在其中既不是最早的，也不是最大的，但为什么说二里头是最早的中国呢？

在地处中原腹心地区——洛阳盆地的二里头都邑，我们发现了一些"中国之最"，它们开创了后世诸多制度的先河。

第一个中国之最，就是最早的青铜礼器群，这是中原王朝礼乐文明的开始。

第一章 先秦——从文明起源到百家争鸣

关于二里头遗址的考古，我们已经进行了很长时间，从1959年发现到现在，已有将近60年。虽然说不清它到底是属于商还是夏，但是它奠定了礼乐文明的基础，这是相当清楚的。现在我们可以说，二里头是中原青铜文明的肇始。青铜时代来临后，中原的先民并没有把青铜做成农具来改善人与自然的关系，也没有像三星堆那样，把它用于巫术、祭神的东西来处理人与神之间的关系，而是把它做成青铜礼器，用来祭祀祖先，注重的是处理人与人之间的关系。这就属于政治立国，这样一套器具是具有中国特色的物件。那么，它们是怎么来的？我们可以一直往上推。因为考古人可以像侦探一样，靠这些蛛丝马迹来做独立于文献的探究。

二里头第一个厉害的地方，是在这里发现了中国最早的青铜礼器群。这一点对中国青铜文明而言太重要了，也是很难得的。在二里头礼器群出现之前，东亚大陆各地仅见一些小的红铜或青铜日常用具和装饰品。我们只发现了一些零星的复合范铜铸件。

"模范"这个词在中国很流行，所谓"模范"，本义就是内模外范，这在青铜铸造技术中是一个重要的术语。德国著名汉学家雷德侯教授的《万物》一书，就是从模件和它的规模化生产引申出中国人的行为方式甚至思维方式，像汉字的偏旁部首，也就那么几个，中国人却用它们造出了那么丰富的汉字。青铜铸造也是如此，本来域外的青铜冶铸技术被我们吸收进来的时候是非常简单的，一般用石

二里头遗址出土的方格纹铜鼎

质的单范或双范，铸造简单的生产工具、兵器、日常用具和装饰品，但是一旦到了中原这里，就被几千年来模制陶器的传统所容纳。中国有好多陶器都是模制的，在青铜技术引进来之前，不少陶器就是用模具做出来的。这种源远流长的模制传统，和外来的青铜技术相结合，铜水往模具中一浇铸，一只大鼎就做出来了，这是一个极大的创新。中国人是具有"山寨"或创新的潜质的，有些工艺不一定是我们原创的，但是一旦到了我们这里，加以改良提升，制造出的产品就屹立于整个世界文明之林了。可以说，青铜礼器的出现，意味着整个中原社会发生了转型。

洛阳盆地的秘密

第二个中国之最，是关于洛阳盆地的秘密。

说到二里头文化，我作为二里头考古队的队长，有点"老王卖瓜，自卖自夸"，但之所以要浓墨重彩地向大家推介二里头，也是有原因的。二里头所在的洛阳盆地，处于中原腹地，就在黄土高原和华北、华中大平原的交会地带。就是这么一个1000多平方公里的小盆地，在2000多年的时间里，有13个王朝在这里建都，前后历时1500多年，这在整个世界文明史上都是非常罕见的。

在地理学上，有一个名词叫作"胡焕庸线"，这是中国第一条人口密度的对比线，是中国著名地理学家胡焕庸先生在1935年提出来的。他指出，整个广袤的中国国土可以以这条线为界，从大兴安岭一直到西南山脉，东南地狭人稠，西北地广人稀。

后来的考古学研究表明，这个现象似乎在几千年前就成为事实了。这条线的东南是绿色的,西北是褐黄色的;东南是低地,西北是高地。由此分为两大板块,多雨的地区和干旱的地区,农耕区域和游牧、畜牧的区域,稻作区域和旱作区域,还有考古学器物鼎和鬲的分布区域等,都是以这条线为界的。比如鼎,它的三足是实的,三个实足的器物叫"鼎",而像奶头状的三个空足的烹煮用的器物叫作鬲。鬲的分布板块是西北地区,鼎的分布板块是东南地区。这条线的两边在新石器时代都有辉煌的文化。和现在一样,东部发达,我称其为"东方先亮",东方这边在社会复杂化上先行一步。但是到最后,两大板块都没有形成高度发达的文明,而在它们的交会地带出现了最发达的王朝文明。这类似于生态学上的边际效应,可谓"杂交出高度文明"。二里头就在这样一个交会地带。

二里头所在的地方,北依邙山,南临古伊洛河。"生于苏杭,葬于北邙",是中国古代士大夫的人生理想。在中国各地,如果说文物破坏几乎是十墓九空,那么在洛阳则是十墓十空。究其原因,一是这个地方古代墓葬特别多,规格又特别高,树大招风;二是大约在民国时期,这里出现了一种先进的工具,就是大家都知道的洛阳铲。据说洛阳铲是盗墓贼的发明,是聪明的洛阳人发明的,到现在还被考古工作者用于对古代文明的探究。不夸张地说,到目前为止,全球范围内还没有任何一种高精尖的仪器设备可以取代这种简单的洛阳铲,这就是它的神奇之处,特

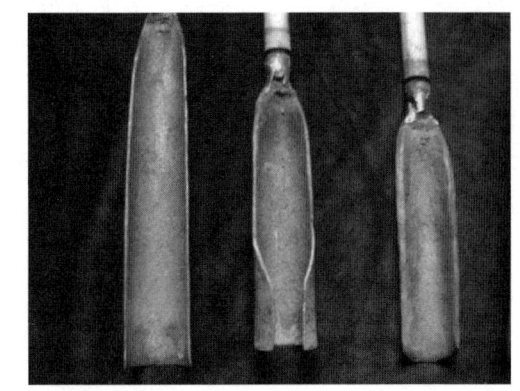

洛阳铲

别适用于中国的黄土地带。

在二里头进行考古发掘的同时，我们还对洛阳盆地进行了大面积的、地毯式的、全覆盖式的系统考古调查。通过多年的工作，我们勾画出了这个区域发展的大致脉络。要知道，在前仰韶时代，就是大约公元前5000年前，这里可谓地广人稀；到了仰韶时代，即大约公元前5000年至公元前2800年，人口大膨胀，定居农业非常发达；到了龙山时代，即大约公元前2800年至公元前1800年，这1000年也持续兴旺。但是一直没有发现像二里头这样的超大型的聚落，也就是当时的社会没有一个金字塔的塔尖，而到了二里头大型都邑登场，就是文明史上的一个质变。水之北、山之南为阳，这里应该是最早的洛阳。二里头就位于古伊洛河的北边，现存面积300万平方米。前面说我们的考古工作进行了近60年，发掘了多少呢？有人说考古就是磨洋工，一个建筑工地上曾有一幅标语很有意思，写的是"大干快上，把考古人耽误的时间夺回来"，因为考古人的工作肯定不如推土机快。考古人拿着刷子、铲子，刷过来铲过去的，但是没有这样的精耕细作，就没有我们对中国古代文明的深入认识。从1959年发现遗址到现在，几代人时间过去了，我们发掘、揭露了多少面积？300万平方米只揭露了4万多平方米，也就是1%多一点。这就是愚公移山，"子子孙孙，无穷匮也"，就要这么一代一代地干下去。相信我们的后代要比我们聪明，应该可持续发展，给他们留下更多的遗产。这就是二里头的第二个中国之最——三代文明核心地区最早的超大规模的都邑。

二里头的"不动产"之最

第三个中国之最，是关于二里头在"不动产"方面的重要遗存的发现。这些遗存的发现都是突破性的，是首次发现，二里头重要就重要在这儿。在这里，我们发现了中国最早的城市主干道网和车辙，发现了"井"字形大道。道路是城市的骨架，没有道路，城市规划就无从谈起。在这个"井"字形大道上，我们发现了东亚地区最早的车辙。车在人类文明史上太重要了，别看中国人早就会平着放轮盘，用快轮或慢轮制陶，但是把这个圆盘竖起来，加上一个轴，然后用人力或畜力拉起来，这不是中国人发明的，是在二里头时期最早引进的。马车比这更晚，要到殷墟时期才有，二里头时期的中原连驯养的家马都还没有，但是在中原的西北方向，甘肃、青海地区据说已经有了。

在这里，我们还发现了中国最早的中轴线布局的、四合院式的宫殿建筑群。中轴线对中国人而言太重要了，坐北朝南、封闭式结构、土木建筑、中轴对称这样一些建筑原则甚至礼制、政治原则，一直为后代中国所承继。这些东西，从建中立极到中庸，甚至河南话的"中不中？中！"，就是"中"文化，是一种原典文化。这些东西在春秋战国时期或者更早的时候就被写进典籍里了，然后通过阅读，耳濡目染，融入每个中国人的骨血里。

我们在二里头不光发现了大的四合院，还发现了中国最早的多进院落的宫殿建筑群，这种建筑结构本来是比较复杂的，但是它居然比四合院出现得还早。中国古代建筑是土木建筑，所以中国很难保存有像帕提侬神庙或埃及金字塔那样的石头建筑。土木建筑堆不高，战国时期的台基已经堆得很高了，但顶多也就是十几米。这样一来，用什么方式来体现贵族乃至王者的等级和身份呢？由于土木建筑堆不高，所以我们就向纵深发展，"庭院深深深几许"，注重多进院落。如果说单进的四合院是小门小户，那么三进的和五进的恐怕就是贵族和王爷一级的居所了。中国最大的四合院在哪儿？

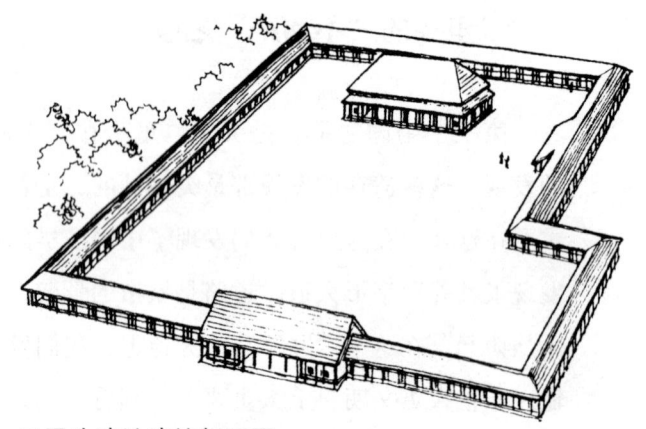

二里头遗址建筑复原图

就是明清紫禁城。中国古代都是靠这些东西来彰显等级和地位的。脱光衣服后，人都是一样的，但要体现出他是"人上人"，酋长就得弄根羽毛之类的东西装饰一下。最初人们就是靠这些东西来做等级、地位的区分，后来越来越复杂。这样的大型礼仪建筑在二里头被发现了，之前则没有，所以二里头的重要性就在于此。

在这里，我们还发现了中国最早的宫城。明清紫禁城有70多万平方米，我们在二里头发现的中国最早的宫城有10万平方米出头，是紫禁城面积的七分之一。

横空出世的"中国龙"

我经常说我在中国考古界是做"不动产"的，但总会有人问："许老师，你最重要的发现一定是绿松石龙吧？"有不少人都知道，被誉为"超级国宝"的二里头绿松石龙形器是在我们手里发掘出来的。那是2002年，我和同事在清理二里头宫殿区的一处墓葬时，发掘出了一件形体长大、巨头蜷尾的龙形器。这条龙的龙身曲伏有致，生动传神。龙头略呈浅浮雕状，鼻、眼则以白玉和绿松石填充，色彩艳丽，对比强烈。这个发现很惊人，但是当我面对朋友们的询问，说我们最大的考古发现是不是这条绿松石龙的时候，我回答说：不是，我主要是做"不动产"的。比如四合院、宫城、道路网络系统、建筑结构布局等，我主要是做这方面的考古发掘和研究的。所以，发现中国最早的宫城才是我最看重的。聚落形态太重要了，比那些值钱的文物还重要。因为做历史研究，必须把那些具体的物放在一个大的背景里，才有意义。与其说考古学是研究物的，不如说考古学是研究物背后的背景和相互关系的。这实际上也是文物收藏鉴赏和考古之间的本质差别。

我们可以以绿松石龙形器为例来看看考古背景的重要性。这件龙形器是用2000多片细小的绿松石片做成的，每一片只有几毫米大小，厚度也只有一毫米。这么多绿松石片一点点粘嵌在皮革或木头类的有机质上，有机质彻底腐烂后，只剩下这些东西了。这些绿松石片如果像嵌绿松石铜牌饰那样有个铜托还好，谁都挖不坏。假如有学考古的学生去现场实习，老师暂时没在身边，他一看这些绿松石片，非常兴奋，一片一片地抠。抠完之后，老师回来了，他说："老师你看，2000多片绿松石片啊！"老师问他："那龙呢？"学生就会目瞪口呆。这就是考古背景的重要性。通过仔细清理，我们知道这条龙是在贵族墓的墓主人身上出土的，从肩部到胯部70厘米长，上面是一个铜铃，还带有青铜器的青锈，但当时应该是金黄色的。金黄色的铜铃叮当作响，再加上一条松绿色的龙，可以想见墓主人的威风，让人想起《诗经》中"龙旂阳阳，和铃央央"的隆重场面。龙牌、龙杖或者龙旗，还埋在宫殿区的院子里，那么这个人是什么身份呢？这引人遐

想。有人说这个人是祭司,有人说是巫师,还有人说是王室成员,具

二里头遗址出土的绿松石龙形器

体身份则是考古学暂时没法揭示出来的。

我们在二里头还发现了与祭祀有关的巨型坑,这很有可能就是最早的国家级的祭祀场,里面都是小猪的骨架,看得出这些猪在比较小的时候就被杀掉了,甚至头部的朝向和身体的姿势都有一定的规制。

超大型都邑、青铜礼器及铸铜作坊、城市主干道网、车辙、中轴线布局的宫殿建筑群、祭祀坑、绿松石龙,这些都是二里头发现的中国之最。这些中国之最汇聚了浓重的王朝文明的要素。在接下来的章节中,我们将继续揭示二里头的秘密。

从二里头探寻早期中国

文：许宏

考古人是干什么的？

我把考古人的工作比喻为从事两大职业：一是侦探，我们在现场利用蛛丝马迹企图复原真实的历史；二是翻译，我们解读无字地书，把这些东西变成大家能读懂的知识。为了找到破译的语言，我们的前辈花了几十年时间在田野中探寻。在一段时间里，我们的学科好像跟大家无关了，大家觉得考古学就是一门绝学，是象牙塔中的学问。到现在，我们觉得可以向大家做一个交代了：拿着纳税人的钱的这些人究竟干了些什么，是怎样贡献于这个国家和这个民族的？

中国人现在的生活中有一些很有趣的现象。举个例子来说，东京有个浅草寺，每年樱花开的时候，只要你去旅游，就能看见很多穿着传统服装的人在那里进行祭拜活动。许多漂亮的穿着和服的姑娘，也会出现在日本高楼林立的街头。当你看见这样的景象时，好像也并不觉得不合时宜。但是在中国，我们好像就很难坦然地面对这样的事情。试想一下，你在北京的地铁里看见有人穿汉服，你肯定会觉得有些奇怪。而产生这种奇怪感觉的一个重要原因，是我们并不知道古人即我们的祖先是怎么生活的。在经历了强烈的反传统的时代后，现在的中国人把文化传统遗失得太多了。

那么，我们与祖先之间，靠什么连接？其中能连接的一点，就是骨血里的印记。举个例子，中国人每年大年三十要回家过年，无论路上怎么辛苦，都一定要回去，这本身就是一种文化记忆和文化基因。而考古人，就是通过他们的工作来发掘、强化我们和祖先之间的关系。

考古人怎么看历史？

近百年以来，中国考古学者筚路蓝缕，做了大量工作。正是由于这些探究，中国的考古学才在世界范围内占有一席之地。中国的考古学几乎是世界上唯一的在学科建立之初就是以本土学者为主来进行发掘研究的学科，这在世界范围内都是十分罕见的。因为无论是埃及还是两河流域，包括印度，考古工作基本上都是由欧美人主导的，他们强调所谓相对客观的"他者"的研究。而中国学者是研究自己的祖先，可以说是学术上的寻根问祖，我们与祖先骨血相连，有文化基因上认知和理解的便利。

我举个甲骨文的例子。在晚清到民国这段时间里，王懿荣、罗振玉这些大学问家发现并且识别了甲骨文，这件事情本身是极其难得的。甲骨文是一般人根本看不懂的东西，刻辞甲骨这些珍贵的文物曾被国人当作中药。对这些古文字的发现和辨识，在世界上都是很难的事情。比如，公元1799年，拿破仑侵略埃及军队的一名上尉在埃及港口城市罗塞塔附近发现了一座石碑。这座石碑是公元前196年托勒密王朝时代刻制的，由希腊字母、古埃及象形文

罗塞塔碑碑文

字和古埃及通俗文字对照雕刻而成。而法国学者商博良在破译这座古埃及石碑文字的时候，就采用了三种文字互译的方法，这种互译需要把不同的文字放在一起比较，没有这种桥梁来破译，这些文字就会成为死文字，到现在都破译不了。这使得古文字的破译变得极其困难和复杂。当中国学者发现甲骨文的时候，他们就可以以《说文解字》为桥梁，建构起当代中国人对古代汉字的认知，这就是血脉上的联系，非常难得。这是甲骨文发现上的幸运，也是中国文化传承上的幸运。这就是说，中国的考古学天然地具有与我们的文化传统骨血交融的机会，这是我们的便利。

细说二里头的青铜器

我们前面概述了考古学家的工作和他们对历史的看法，现在我从

考古学的角度来梳理一下二里头作为早期中国的证据。

这些证据中,最重要的一个就是青铜器。

青铜器一出现,就产生了变革性的意义,甚至使时代都产生了革命性的变化。这个变化在于,之前的社会分化还不是那么严重,顶多用玉器和精制陶器作为身份地位的象征,而青铜礼器一出现,整个礼乐制度体系就奠定了。有人说,二里头发掘出的东西可能都是中国之最。在青铜器方面,二里头的发现确实是史无前例的。我们在二里头发现了一件青铜鼎,不到20厘米高,纹饰简单,却是"中国第一青铜鼎"。没有这只鼎,也就没有三四百年之后司母戊大方鼎的辉煌和厚重,这是一步步发展而来的。我们还发现了一件青铜钺,这件钺看着不起眼,但它是"中国第一青铜钺"。大家说很多好东西都不是考古人亲手挖出来的,是农民挖出来的,很遗憾,这件也是。我记得很清楚,那是2000年,我们正在遗址上钻探,晚上一位邻村的老农来到考古队,用旧报纸包了两片破铜片。老农说:"队长,就是两片破铜片,你看看有没有用。"我一看,眼睛一亮:中国最早的青铜钺出土了!我问他是什么情况下得到的,他说是帮人盖房子,从土里刨出来的。第二天我赶紧让他带我们到出土青铜钺的地方去,详细记录,又让我的助手坐火车到西安,用意大利的X光机把这件东西拍了透视影像,最后发表出来。

祀戎并重

我们在二里头还发现了中国最早的围垣作坊区。此前我们的前辈早就发现了铸铜作坊,这是中国最早的铸铜作坊,后来我们又发现了中国最早的绿松石器作坊。可以说，这里就是中国最早的国家高科技产业基地，相当于西昌卫星发射中心。在二里头都邑的早期阶段，当时宫城的区域可能还只是用栅栏围着，这里就已经用夯土墙围起来了，并且肯定还有重兵把守。四川三星堆、江西新干大墓出土的那些青铜器，是殷墟时期前后的。那个时候，中原青铜冶铸技术已经泄密，但是在二里头和此后的二里岗时期，就是郑州商城那个时期，除了二里头和郑州商城以外，绝不可能有任何一个地方能够或敢于铸造青铜礼器，形成对作为礼器的容器和兵器这类关涉国家命脉的青铜重器的独占。

《左传》里说"国之大事，在祀与戎"。在当时，祭祀就是用青铜礼器这套东西从事礼仪活动，而戎就是绝对的打压能力。这也是"两手抓，两手都要硬"，代表了当时先进文化的发展方向。现在看来，这些立国之本在古代和现代都是一样的，以前是祭祀，现在是开会，都是为了提高凝聚力。所以，在这个时期，一套与礼制相关的东西开始形成了，此前是相对平等至多是小国寡民的社会，还没有这么一套比较完善的礼制系统。

中国的酒文化特别兴盛，最初的礼器以酒器为主。喝酒用的酒杯，也就是"爵"，和象征着生杀予夺大权的"钺"结合在一起，这就是祀戎并重。爵和钺是礼容器和礼兵器的代表。到了殷墟时期，还有仿二里头玉器的器物，比如璧戚，本来是一块璧，稍微一改刀，就成了璧形戚。戚是钺的一种。爵是具有深意的器物，持续兴盛了千年以上，甚至成为后世中国社会政治文化的重要符号。鼎是中国人心里关于政治权力的一种象征。司母戊大方鼎出现之前，有郑州大方鼎，在二里头已经出了小陶方鼎。我们有理由相信那个时候已经有铜方鼎了，只不过我们没有发现而已。而陶方鼎是铜方鼎的仿制品。

青铜钺　　　　　　　　　　　二里头出土的青铜爵

在二里头，我们还发现了中国最早的近战兵器群，如戈、钺和长条形战斧。箭头肯定不是近战兵器，但箭头属于不可回收的兵器，箭头的生产表明青铜生产已经达到了一定的规模和高度。中国最早的"金镶玉"制品是嵌绿松石铜牌饰，"金"就是青铜，青铜的底托上粘嵌着绿松石，构成兽面。

在二里头西北，青铜冶铸技术可能的传播路线上，河西走廊乃至甘青地区的齐家文化遗址也出土了青铜器，新疆地区也有青铜器出土，这些青铜器和二里头的是同一时期的，或者比二里头还要早一点，但它们都是用来做装饰品和日常小件用品的。这些地区的青铜技术一旦传播到中原，中原人就把这些技术用在他们认为最重要的祭祀祖先的礼容器，尤其是酒礼器上，从而形成了中国的"吃喝文化"。据说有一位美国女博士是研究人类学的，对上古时期的"夸富宴"也就是夸耀富裕的宴席怎么也搞不清楚，后来她来了中国，吃了两顿北方农村的大宴席，就明白了什么是"夸富宴"，因为在美国根本看不到这样的景象。

二里头这个中心出现后，长城以北都有二里头式的器物发现，整个黄河流域，长江上、中、下游，包括三星堆都受到了二里头文化的影响。各地出土的和二里头相近的东西，大多是模仿品，说明二里头文化的扩散应该不是强力的军事推进，而是各地的酋长、首长或者普通民众选择性地接受二里头的文化因素，就是以它为高、为大、为上，"跟风"导致文明向外扩散。

尽管二里头出现在3000多年以前，当时还没有像今天这样的大的国家实体，但是它已经奠定了中国的雏形。作为礼器的玉石牙璋的辐射范围已经到了越南北部，与《禹贡》所说的九州的大致范围以及秦汉帝国统一疆域的大致范围相当。除了后来的四大边疆之外，二里头那个时期的影响力已经基本达到了内地十八省适合农耕的区域，之后才一点一点地奠定中国的基础。

人文初祖

文：刘国忠

炎黄传说的时代正好是中华文明开始形成的时代，所以黄帝也被称为人文初祖。说"人文初祖"，就意味着中华的远古祖先在这个时期已经开始进入文明时代。

这里有一个问题，什么才算是文明时代？我们今天对历史的研究和了解，主要是通过考古来进行的，炎帝和黄帝只是一个传说故事，为什么可以说这个时期已经进入文明时代了？这一点我们需要做进一步的分析。

文明时代的标志

按照现在考古学的观点,人类进入文明时代需要有一些标志。其中非常重要的有四个标志。第一个标志是城市。因为有城市,才会有社会分工,才会有文字的出现,还会有金属的使用。第二个标志就是金属的使用。第三个标志是什么呢?就是要有文字的使用。有了文字,人类才可以进入一个新的阶段。一个社会没有文字,人们就没法摆脱口耳相授的尴尬局面。而口耳相授会受到时间和空间的限制,人们所有的思想、所有的进步,都会受到很大的局限。文字被使用以后,我们就可以通过文字的记载来了解我们的祖先的各种各样的成果。所以,文字是起超越时空作用的。第四个标志,需要有礼仪性的设施、礼仪性的建筑。一般的建筑都是为了解决人们的衣食住行,到了文明社会以后,就需要有一些礼仪性的建筑,不仅仅是为了满足简单的生活需要,更多的是出于精神方面的追求。所以,城市的出现、金属的使用、文字的发明、礼仪性建筑的建造,就是衡量一个社会进入文明时代的四个基本要素。

根据我们的考古发现,这四大要素是在距今5000年左右开始

汉代武梁祠画像石《古帝王图》清代拓本,左侧题字:黄帝多所改作,造兵井田,垂衣裳,立宫宅

逐渐形成的。当然，因为中国古代所使用的书写材料的特殊性，文字的发现可能会受到局限。但是，城市、金属，还有礼仪性建筑，都已经在各地有很多考古发现。传说中的炎帝和黄帝的时代，正好是在这个阶段。

传说与历史

根据分析，黄帝的传说一般认为是距今4700年左右的事情。黄帝之前是炎帝，炎帝不是一个人，实际上相当于一个政权，这个政权传了八代。我们按30年为一代来算，总共是240年，再加上4700多年，距今正好是5000年左右。所以，我们说黄帝是中华民族的人文初祖，这个说法还是比较可信的。

当然，关于炎帝和黄帝的记载，因为是一些历史传说，所以相互之间有矛盾的地方，因此记载的可靠性是大家很关心的一个问题。关于这个问题，学者们有过很多讨论，我觉得王国维先生在《古史新证》中的态度是最为可取的。他说研究中国上古历史，最纠结的问题是什么呢？就是传说与史实混而不分，混在一起不能区别。史实中肯定不免有一些夸大其词的地方，而传说中也往往有一些史实的背景，所以二者不易区别。这种情况不是中国独有的，世界各文明古国都存在这种情况，最初的历史都有很多传说，真真假假很难区分。但是我们结合考古发现，至少可以对炎帝和黄帝的传说里的一些可靠的成分做一些讨论。比如，炎帝和黄帝是不是只有一个，这是可以讨论的。炎帝据说传了八代，所以不是只有一个炎帝，是有多个。黄帝是不是也有多个，是一个人还是一个部落？这一点也可以讨论。

考古视角中的炎黄传说

我们现在还是按照传统的说法，把黄帝作为一个人来看，这个人至少活了100多岁。炎黄的传说在中国古史的传说里是一个很重要的组成部分。实际上，在炎黄之前，中国的历史已经有了很长一段时间的发展，比如盘古开天地、女娲造人，还有有巢氏建筑房屋、燧人氏钻木取火等。另外还有伏羲氏画八卦，这也是人类文明发展中的一个很重要的事件。按照《周易》的说法，伏羲氏之后就是神农氏，而按照《史记》的记载，神农氏就是炎帝，《史记》的《五帝本纪》里是把炎帝作为一个人，或者说作为同一个政权来看待的。根据《史记》的记载，到了炎帝末年的时候，这个政权已经衰弱了。当时诸侯之间发生了互相侵伐的战争，而炎帝不仅没能控制局面，反而也加入侵凌其他诸侯的行列。

在这种情况下，黄帝就出来了，他在建立统一政权方面起到了很大的作用。黄帝据说是少典的儿子，名叫轩辕。少典是一个人还是一个国家，也是可以讨论的，因为据说黄帝和炎帝是兄弟。如果炎帝是一个持续了八代的政权，那么把少典作为一个政权可能更合适一些。据说黄帝很小的时候就会说话，而且非常聪明。他在当时这种乱世的背景下很注重军事方面的建设，按照《史记》的说法，叫作"习用干戈"，对军事方面非常重视。于是黄帝就把那些不服从的部落征服了，建立起一个部落联盟。这个部落联盟和炎帝之间爆发了冲突，最后在阪泉进行了一场决战。最终炎帝被打败了，投降了黄帝，炎黄两个部落就结合在一起了。所以后来中国人自称炎黄子孙，实际上是跟炎黄之间发生战争，最后结成联盟这个背景密切相关的。

炎黄联合之后，跟他们作对的是蚩尤。蚩尤是当时一个很强大的

山东省东汉墓葬壁画中的蚩尤形象

部族的首领,据说蚩尤有81个兄弟,战斗力非常强。最后黄帝也是征集了诸侯,组成了一支联盟军队,与蚩尤在涿鹿进行了决战,击败了蚩尤,这样就建立起一个早期的统一政权,黄帝据说成了天子。

这是黄帝为维护当时天下的正常局面所做的工作。因为他最后成了天子,所以大家都遵从他的领导。黄帝不仅在政治上完成了初步的统一,还在很多方面做出了重要贡献。比如在经济方面,黄帝的妻子嫘祖发明了养蚕治丝,所以中国是世界上最早养蚕织布的国家。

从考古来看,实际上养蚕出现的时间比黄帝时期还要早。在1926年,清华的师生去山西夏县西阴村进行考古调查,在仰韶文化的地层里发现了一枚茧壳,就是蚕茧的壳。这枚茧壳后来被送到美国去化验,证实了是人工饲养的蚕茧,这就证明当时已经开始养蚕了。所以从考古来看,养蚕的历史要比黄帝时期还早,黄帝时期有养蚕织布是很正常的。另外黄帝非常重视生产,按照《史记》的记载,他"时播百谷草木",按时播种百谷草木,使经济得到了很大的发展。

据说黄帝还发明了舟车,发明了弓箭,建造了宫室,对当时的历史发展也起到了重要的推动作用。在文化上,黄帝时代还有一系列贡献,其中一项重要的贡献就是黄帝的史官仓颉创造了文字。我们说文字对人类的发展进化起到了至关重要的作用,仓颉创造了文字之后,就使得我们的先民结束了结绳记事的原始阶段，开始用文字来书写记载，这对文明的发展起到了巨大的推动作用；黄帝还有一个大臣叫大挠，他发明了干支历法，这样就可以用干支历法来记载时间，这也是一个很重要的贡献；另外，黄帝还有一个乐官叫伶伦，伶伦发明了十二音律，还制作了很多乐器，这些工作使得中国的文明发展产生了一个飞跃。中国后来能够巍然屹立于四大文明古国之列，和黄帝的赫赫功勋是分不开的。

我们推崇黄帝为中华文明所做的贡献，黄帝被尊为中华民族的"人文初祖"，这反映了黄帝时代对中华民族的产生和发展所起到的积极作用。我们成为炎黄子孙，和这段历史是分不开的。当然，虽然炎帝和黄帝只是传说，但是从现在的考古发现来看，在距今5000年左右，中国的土地上很有可能出现了一位像黄帝这样的领导，为中华文明做出了巨大贡献。而取得这些成就的因素，应该说在距今5000年左右就已经具备了，所以我们把这一切成就归于黄帝，应该说是一个水到渠成的结果。所以，炎黄时代是中华文明形成的最初阶段。

通过总结中国的历史传说，我们可以探索中华文明发展的历程，特别是炎帝和黄帝的传说在中华文明形成的历史中所起的独特作用。虽然是传说，但是里面也有部分真实的因素，所以我们剔除了炎帝和黄帝传说中一些比较虚幻的内容，再回过头来看这段历史，我们可以看到，炎帝和黄帝的传说反映的就是距今5000年左右中华文明所达到的一个高度。

禅让制度

文：刘国忠

禅让制度是中国古代影响非常深远的一种制度，这种制度的存在也是后人认为上古时代非常美好的一个原因。

尧的时代

禅让制度始于传说中的尧舜时代。《尚书》中的《尧典》和《舜典》记载的就是禅让制度。情况大概是这样的：尧的名字叫放勋，他的哥哥叫挚，挚本来是做国君的，后来因为能力有限，就把君位让给了尧。这可以说是禅让制度的一个开始，但这还是兄弟之间的禅让。

从尧的时代开始，禅让制度就逐步形成和确定。尧治国应该说非常有特色，按照《尧典》的记载，尧特别重视观测星象，他曾命羲仲、羲叔和和仲、和叔去观测星象，这是中国古代对天象观测最早的记录。按照古书记载，尧的都城是在平阳，也就是今天的山西临汾一带，而在离临汾很近的山西襄汾发现了一处遗址，叫陶寺遗址。陶寺遗址是一座非常大的古城，在这座古城里，考古工作者前些年发现了一个观象台。因为这处遗址的时代是距今4000多年以前，又正好有观象台，而且它在传说中尧的都城附近，所以很多人都认为陶寺遗址很可能就是尧的都城。这是一个很值得注意的现象。另外，在陶寺遗址里还发现了文字，其中有一个扁壶，扁壶上用红色的笔写了一个"文"字。

尧的统治在当时取得了很大的成功，按照孔子的说法，叫"唯天为大，唯尧则之"，天是最大的，但尧是以天作为效仿的对象，所以他的统治非常出色。

尧除了在治国方面非常出色之外，还确立了禅让制度，在当时也有很深远的影响。尧的大儿子是丹朱，但尧感觉他的儿子不成器，不想把君位传给他的儿子，所以就向他的大臣咨询，看谁有这样的能力。大臣们给尧推荐了另外一个人，就是舜。

舜的父亲叫瞽叟，是一个盲人。舜的母亲很早就去世了，瞽叟后来娶了一个后妻，后妻给他生了一个儿子，叫象。瞽叟、他的后妻，还有象，都很讨厌舜，想把舜给害死。但是舜非常孝顺，和他的父母、兄弟相处得很好。如果他的父亲因为一些小的过错要打他，他就会很恭敬地让父亲打。但是如果他的父母想害死他，他就会逃跑。按照古话说叫"小杖则受，大杖则逃"，小的惩罚就忍受了，大的惩罚就要逃跑。有一次，舜的父亲让舜去修补屋顶，舜意识到他的父亲想害他,就事先拿了两个很大的斗笠。等到舜上了屋顶以后,他的父亲就在下面放火,舜就用两个大斗笠保护自己,像鸟一样滑下来,安全抵达了地面。虽然他的父母和弟弟一直想害他,但是他通过这些办法出色地躲过了一次次灾难。

尧听说舜有这样的一些能力之后,就对他进行了种种考验。经过长期的考验,尧最后确定舜有很突出的本领,所以就让舜代行国君的政务。

尧去世后,舜让位给尧的儿子丹朱,可是所有的人都归服于舜,不去理会丹朱,所以舜就从尧那里继承了君位,当上了国君。这就是尧把君位禅让给舜的一个情况。

汉代武梁祠画像石《古帝王图》清代拓本,左侧题字:帝尧,放勋。其仁如天,其知如神。就之如日,望之如云

舜的时代

舜也是按照这个原则把君位禅让给了禹。舜在治国方面也非常出色,他选了一些很有才能的人来辅佐他。

孔子曾经称赞舜,说"无为而治者,其舜也与"。就是说无为而治这一点,在舜的身上体现得最为明显。因为他选了一些很好的部门领导,能够帮助自己治理好国家,所以他只是"恭己正南面而已矣",一天到晚不用做什么事情,底下的人把各方面的工作都做得井井有条。舜选的这些官员里，比较有名的一个是皋陶，皋陶的品德非常高尚，而且能力很强。另外，舜还选了我们都知道的大禹。在尧的时代，是大禹的父亲鲧来治水，可是鲧没有把水患治理好。后来到了舜的时代，就选了鲧的儿子禹来治水。禹不负舜望，通过疏导河流的方式来治水，最后取得了成功。大禹在治水方面非常勤劳，据说曾经三过家门而不入，一心一意要把水患给治理好，最后终于成功了。而且在治水成功之后，他也辅佐舜把国家治理得很好。所以，舜最后就选择了禹作为自己的接班人。和尧的情况一样，舜去世后，禹把君位让给了舜的儿子商均，可是天下的人都去朝拜禹，而不去理会商均，禹看到这种情况，才继承了君位。这就是舜到禹的禅让。

我们可以看到很多先秦时的竹简资料，里面有很多关于尧、舜、禹禅让的记载。比如1993年在湖北荆门的郭店村发现的郭店简，里面有一篇文章叫《唐虞之道》，就是讲尧和舜那时候的治国之道。这个竹简上说，唐虞之道是"禅而不传"，是通过禅让而不是传子来传递君位的，尧舜之王是"利天下而弗利也"，他们是为天下的百姓考虑，而不是为了他们个人的一己私利。这是称赞尧舜那个时代的禅让制度。

再比如1994年上海博

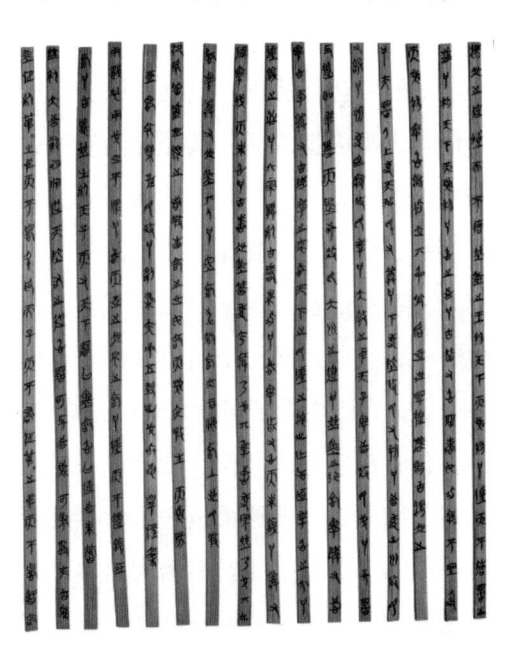

郭店简

物馆从香港买回了一批战国的竹简，里面有一篇文章叫《容成氏》，其中也说，尧有九个儿子，可是他不把自己的儿子立为继承人。看到舜那么有贤德后，尧就让舜做自己的继承人。而舜也有七个儿子，他也不把自己的儿子立为继承人，看到禹那么贤德，就把禹选为自己的继承人。所以，当时的禅让制度就是这样的情况。"大道之行也，天下为公，选贤与能"，你是一个贤能之士，才可以接受君位，而不是因为你的家族，父死子继，不是这样的。这就是当时非常重要的君位继承制度。

可是从禹之后，禅让制度就开始发生了变化。大禹本来也是遵循这套制度的，他一开始选的继承人是皋陶，皋陶是舜的时代的大臣，而且皋陶的岁数比禹还大，比禹去世还早。皋陶去世以后，大禹又选了另外一个人来做自己的继承人，就是伯益。伯益虽然被选为继承人，但大禹并没有让他做太多实际的事情，而是很注意培养自己的儿子启，经常让启协助自己处理政务，所以启就有很多机会展现自己的才能。大禹去世以后，按照禅让制度，应由伯益来继承君位。伯益也按照传统的方式，把君位让给了启。结果伯益让位后，天下的人都纷纷接受了启，觉得启才是合适的继承人，所以大家都去朝拜启，而没有人去朝拜伯益。本来只是形式上的推让，没想到成真了，伯益非常生气，就想通过武力把君位夺回来。但是启最后打败了伯益，并且把他杀了，自己当上了国君。这就是禅让制度被打破的经过。

伯益没能继承君位，看起来好像是一个偶然性的因素，但是如果我们仔细分析一下这个过程，就会发现禹的操作模式是有特别的用意在里面的。为什么呢？因为大禹本人是希望把君位传给自己儿子的，但是限于当时的这种禅让制度，他只好按照原来的传统选贤与能，先选皋陶，再选伯益。选皋陶来做继承人，这是很有趣的，因为皋陶的岁数比禹还大，怎么能选一个比自己年长的人来做继承人？这本身就有特殊的用意。皋陶死后，禹又选了伯益，但又不让伯益有机会施展自己的才能，所以最后民众只能选启。

在《战国策·燕策》里，人们就有一些论述，说"禹名传天下于益，其实令启自取之"，禹虽然名义上是传天下于伯益，实际上是让启自己来夺得天下。所以，禅让制的打破，表面上看起来是启破坏了这个制度，自己继承了君位，实际上真正的幕后人物是禹，是禹通过一些隐蔽的方式，最后把君位传给了启。

洪水的传说是真的吗？

按照古书上的说法，尧舜禹的时代，洪水泛滥。这是个传说，到底可不可靠呢？我们说，这个传说是非常可靠的。

根据古环境专家的研究，在距今4000多年以前，世界上很多地方发生了气候异常，主要表现是气温的降低和降雨量的不正常，在世界范围里都有洪水的传说。比如《圣经》中挪亚方舟的故事，我们大家都很熟悉。我们前面讲到，陶寺遗址可能与尧的都城有关，而在陶寺遗址等龙山时代后期的城址里，考古工作人员就发现了洪水泛滥遗留下来的一些痕迹，证明这处城址的废弃可能和洪水有关。所以，关于大禹治水的故事，确实有它真实的背景，就是在4000多年以前，中国确实发生过大洪水，而且大洪水的影响不仅仅局限于尧舜禹的部落，全国各地都受到洪水的破坏。

很多地方发生洪水之后，原来的一些很发达的文化发生了消亡或被迫改变了发展方向。也就是说，洪水的泛滥导致中国的古代文明出现了一定程度的逆转,所以后来以夏商周为核心的中原地区的政权就成为中国历史发展的主流。而其他在上古时期非常发达的文化,比如良渚文化,它是太湖流域特别有名的一个文化,后来因为洪水泛滥就消失了,这样就使中国古代文明的格局和文明的发展方向发生了变化。因此,洪水确实对中国4000多年以前的历史发展产生了重要的影响。

关于大禹治水,大家都以为是一个传说。在2002年,保利集团买了一件流散的青铜器,这件青铜器的名字叫遂公盨,上面就记载了大禹治水的故事。这个遂公盨是西周中期的,距今已经有2900多年了。从这个方面来看,大禹治水在西周时期就已经是一个流传已广的传说。而且,虽然我们现在还没有直接发现有关夏朝的文字资料,但是《史记·夏本纪》,还有目前出土的种种材料,都可以证明夏朝是一个很可靠的、真实存在的政权。

另外清华简里有一篇文献叫作《厚父》,厚父是一个人,这个人应该是夏朝的一个王室的后代,他曾经和一个王一起分析总结夏朝建国和亡国的经验教训。从这些方面来看,夏朝不仅是真实存在的,而且它的后人对自己本国的发展和得失有很深刻的反思。所以,从尧舜禹的禅让制,到最后禅让制的废除,确实是中国历史中一段非常珍贵的发展历程。

遂公盨

从国天下到家天下

文：刘国忠

夏启继承了他父亲大禹的君位，导致了禅让制被打破，实际上应该说大禹本人在里面起了关键性的作用。这样就导致国天下变成了家天下。而到了家天下的时候，就是一种世袭制度，父死子继，或者有时候是兄终弟及，以这样的形式来继承君位。

夏朝的建立者虽然是启，但真正在幕后起主导作用的应该是大禹。夏朝建立之后，它的发展也不是一帆风顺的，也经历过一些挫折和历史的反复。启做了国君之后，过了若干年就去世了，他的儿子太康继承了君位。但是，太康在治国期间，经常不理朝政，到处去田猎，结果就发生了一件事，历史上称为"太康失国"。

太康失国,出自清代沈振麟彩绘本《帝鉴图说》

太康失国

这件事情是这样的,因为太康长期不在朝廷里治事,所以当时东夷部落的首领羿,就是我们都知道的射日的那个后羿,就利用这个机会带着他的人马推翻了太康的统治,自己当上了国君,导致太康有国不能归。太康失国之后,羿当了国君,受到夏民的欢迎,所以史书上说是"因夏民以代夏政",就是依靠夏朝的民众取得了夏朝的治理权。

但是,羿当了国君之后,也开始沉迷于娱乐,不愿意把心思花在治国上。所以,羿手下的一个叫寒浞的人,又把羿的统治给推翻了。寒浞推翻羿的统治之后,很担心太康的子孙会回来跟他抢夺君位,就要把太康的后人斩尽杀绝。

少康中兴

太康的后人中有一个叫作相,也被杀了。但相的妻子那时候已经怀有身孕，她从屋子的一个洞里偷偷逃跑了，所以躲过了一劫，生下了相的遗腹子，名叫少康。少康长大后知道了自己的身世，就积极地为复国做准备，他联系各个支持夏朝的部落，和自己结成了联盟。经过长期的发展，按照史书的记载，他后来有田一成，有众一旅，就是有自己的土地，有自己的军队。后来少康在一些支持他的部落的帮助下，把寒浞的政权推翻了，当上了夏朝的国君。这就是史书上所说的"少康中兴"。

从启打破禅让制，到太康失国，再到少康中兴，这个历史的发展过程经历了一系列事件，最后才使得世袭制真正得以延续。少康去世之后，他的后人予在位时，夏朝的统治达到了极盛，这是夏朝最繁荣的一个时期。

夏朝灭亡

再往后，夏朝就开始逐渐走下坡路了，特别是到了孔甲这个时候。这时已经到了夏朝的后期，按照《史记》和其他一些文献的记载，孔甲也是一个昏庸的国君，民众都很怨恨他的统治。所以，在此之后，各个诸侯国纷纷反叛。按照史书的说法，叫作"孔甲乱夏，四世而陨"，过了四代，夏朝就灭亡了。

真正使夏朝亡国的国君是夏桀。在夏朝统治的后期，发生了很多天灾，据说

夏桀

当时各种疾病流行，很多民众都生病了，整个夏朝的统治到了崩溃的边缘。

另外一方面，夏桀的统治非常残暴，不仅招致了民众的反叛，而且使统治者内部也产生了很大的矛盾，这就为商汤灭夏提供了很重要的时机。

商汤灭夏

这个时候，商族的首领商汤就带领一些盟国和夏桀作战，最后打败了夏桀，建立了自己的政权——商朝。商汤在灭夏的过程中，采取了一系列非常有效的措施。其中一个很重要的方法是，因为夏朝本身还是很强大的，而且它有很多盟国，《诗经》里有一句诗叫"韦顾既伐，昆吾夏桀"，韦、顾和昆吾都是夏朝的盟国，这些国家都是无条件支持夏朝统治的，所以商汤在发展和进攻的过程中，采取了逐一消灭的方式，把韦、顾和昆吾逐一消灭之后，对夏桀进行包围，最后打败了夏桀。这就是夏朝从建立到最后亡国的一个简单情况。

商汤灭夏这个过程是比较复杂的，在这个过程中，商汤任用了一个非常能干的大臣，就是伊尹。伊尹本来是有莘氏的一个奴隶，商汤很早就听说伊尹很有才华，所以就派人和有莘氏联系，希望得到伊尹，但是有莘氏拒绝了。后来商汤又想了一个办法，希望和有莘氏联姻，娶有莘氏首领的女儿为妻。有莘氏首领很高兴，就把自己的女儿嫁给了商汤，同时将伊尹作为陪嫁的奴隶，送给了商汤。商汤获得伊尹之后，两个人就开始了亲密的合作，最后灭掉了夏朝。

伊尹在商汤灭夏的过程中究竟起着什么样的作用呢？在清华简

里，我们发现了一篇非常重要的文献，叫《赤鹄之集汤之屋》。鹄是一种大鸟，赤鹄就是红色的大鸟。从这篇文献里我们可以看出，伊尹实际上是作为商汤派出去的人员，去夏朝做长期的间谍工作，所以他是去夏朝刺探情报的。按照《竹书纪年》的记载，伊尹和夏桀的宠妃妹喜结成了联盟，两个人一起合作，把夏朝的很多情报都传递给了商汤。

我们知道《孙子兵法》中有一篇叫《用间》，强调了用间谍获取情报的重要性。其中列举了两个著名的间谍，一个就是伊尹，另一个就是姜子牙。这两个人都是忍辱负重到敌后刺探情报多年，掌握了大量珍贵的材料之后，为自己的国君战胜敌人立下了汗马功劳。所以，孙武说："故惟明君贤将，能以上智为间者，必成大功。此兵之要，三军之所恃而动也。"意思就是要获得敌人的重要情报，就要靠间谍，而要用好间谍，最重要的就是让一些具有很高才能的人来充当间谍，才能很好地完成任务。伊尹在辅佐商汤的过程中，就是充当了一个很重要的间谍，为商汤灭夏立下了汗马功劳。

夏王朝存在吗？

关于夏朝的记载文献，最完整、最系统的就是《史记》的《夏本纪》，《史记·夏本纪》不仅记载了夏朝发展的大致脉络，而且提供了很完整的夏朝各王的世系。但夏朝是不是存在，《史记·夏本纪》所记载的各王的世系是不是可靠，一直有人持怀疑的态度。为了证明夏朝真实存在，20世纪50年代的时候，中国科学院考古研究所的著名学者徐旭生带领考古所的同行，在河南和山西一带进行夏墟的探寻，

徐旭生

最后在河南偃师的二里头发现了重要遗址。经过长期的发掘，最后确定这个遗址是介于龙山文化和二里岗文化之间的一个很重要的文化遗存。这个文化后来被命名为二里头文化。

这样，整个中原地区从考古学的地层分析来说，已经没有缺环。也就是说，从仰韶文化到龙山文化，到二里头文化，再到二里岗文化，从地层上来说，已经完全衔接上了。从考古地层的角度来说，夏朝如果是一个真正存在的王朝，那么它的地层一定在这几种文化之间。其中时代最为接近的，就是二里头文化，所以在很长的时间里，学术界对二里头文化就是夏文化，都予以承认。但是，二里头文化本身又可以分为四个地层，二里头文化是不是都是夏文化，还是说二里头文化的一部分和夏文化有关，学者们有不同的意见。当然，现在从事二里头考古的很多学者，根据最新的一些考古发现，对二里头文化和夏文化之间的关系又提出了一些新的质疑，我们今天还没有办法得出最后的结论。

如果夏朝是真正存在过的一个王朝，而且确实是在河南和山西这一带存在过的一个政权，那么它的文化一定是保存在从龙山文化到二里头文化再到二里岗文化之间的这个地层段里。究竟哪一段和夏文化有关，还需要学者们做更多的研究，我们也期待有更多的发现，能够为我们提供更多的证据。

无论如何，《史记·夏本纪》的记载还是非常值得我们注意的，因为《夏本纪》之后就是《殷本纪》，《殷本纪》里所记载的商朝各王的世系，现在通过甲骨文的发现，已经可以得到证实。而除了《夏本纪》和《殷本纪》之外，我们看不到其他任何与此有关的材料。这说明司马迁很可能掌握或是看到了一些后人没有了解和看到的资料，所以他才有可能写出《夏本纪》和《殷本纪》这样的内容。既然《殷本纪》现在证明基本上是可靠的，那么《夏本纪》是不是也有同样的科学性？虽然这一点我们目前还没有办法证实，但很多学者倾向于认为《夏本纪》的内容也应该是比较真实可靠的。

不管怎么说，夏朝的历史是中国上古历史中特别重要的一环，虽然我们现在在考古中还没有找到完全和夏朝对应的古代文字，但是从历史发展过程来看，夏朝的历史应该是真实可靠的。

我们在前面介绍过清华简里有一篇叫《厚父》的文章，这个厚父就是夏朝的后人，他总结夏朝兴亡的教训，对夏朝的历史做了很多回顾。如果我们承认中国的古书记载有其可靠性，那么包括现在出土的简帛、青铜器，还有传世的古书等，都给了我们一个很重要的启示：夏朝实际上是一个真实存在的政权，夏王的世系也是非常值得我们留意的历史记载。

虽然目前夏朝的存在没有办法得到完全的证实，但是作为中国历史发展中的一个重要环节，夏朝的历史还是值得我们予以特别重视的，希望将来能够在考古工作中发现更多与夏朝有关的历史线索。

商汤灭夏与殷都屡迁

文：刘国忠

先商时期

玄鸟生契

商朝是商民族建立的一个政权，商人最早的祖先名叫契，据说契的母亲有一次在野外洗澡，看见天上的燕子掉下来一枚蛋，他的母亲就把这枚蛋吃了，然后就怀孕生下了契。契曾经辅佐大禹治水,立下了很大的功劳。

契去世以后,他这个民族一直延续下去,传到他的后代相土的时候,商民族得到了很大的发展。《诗经》里有一句诗叫"相土烈烈,海外有截",据说相土曾经带领军队在东方获得了很大的胜利。

在相土之后,商民族又经过一系列发展,到了先祖王亥这一代。王亥是中国古代非常有名的一个人,据说他发明了牛车,用牛车来运输,这在当时是一个很重要的发明。而且王亥特别善于做生意,经常与各个部落进行贸易往来,所以我们现在称做生意的人为"商人",据说就是和王亥有关。

当时王亥到有易这个部落做生意,大概在今天的河北易县一带,并且带去了很多的财物。有易的首领绵臣看到王亥带了那么多好东西,就起了歹心,杀害了王亥,并霸占了他的财物。王亥的儿子叫上甲微,他为了给父亲报仇,就和一个叫河伯的部落首领联盟,从河伯那里借来一支军队,打败了有易,夺回了财物。上甲微之后,商民族又经过了几代的发展,到了大乙这一代,大乙就是商汤,他最后灭了夏朝,建立了商朝。

商汤以前的时期称为先商,这段商朝建立以前的历史对商朝的发展来说是非常重要的。

伊尹与太甲

我们说商汤灭夏实际上和伊尹的辅佐密切相关,伊尹本来是有莘部落的一个奴隶,后来获得了商汤的赏识,辅佐商汤灭夏。据说伊尹是一个厨师,非常善于烹调,而且以烹调为例来讲述治国之道,商汤听了他很不一样的解释，对他刮目相看。

商汤去世后，经过数年的权力交接，他的孙子太甲继位。太甲当上君王后，昏乱暴虐，不遵守法制，伊尹作为一个老臣，经常规劝太甲，但是太甲根本听不进去。后来伊尹看太甲不可救药，就将他流放到一个叫桐宫的地方。被流放到桐宫以后，太甲才深刻地反省，意识到自己的种种问题。伊尹看到太甲真心悔过，又把他从桐宫接回来，继续辅佐他治理国家。这是《史记》中的说法。

但是在西晋时发现的《竹书纪年》里，关于伊尹和太甲的关系有不同的记载。这个记载说，伊尹把太甲流放到桐宫以后，太甲不甘于自己的失败，于是偷偷地溜出桐宫，组织了一支队伍攻回去，杀掉了伊尹，夺取了政权。这是《竹书纪年》里的记载。

这两种记载，一定有一个是正确的，一个是不正确的。到底哪个是正确的，哪个是不正确的呢？我们需要做一些分析，而最好的分析的依据就是甲骨文资料。因为在甲骨文里，有很多地方提到了伊尹，讲述了对伊尹进行祭祀的事情。我们看了甲骨文资料之后，就知道《竹书纪年》里关于太甲杀伊尹的记载一定是不正确的。

为什么这么说呢？因为商朝的甲骨文里记载对伊尹的祭祀活动非常隆重，祭祀伊尹与祭祀商王的礼仪基本是相同的，可见伊尹在商朝人心中具有崇高的地位。如果伊尹是被太甲所杀，那么他在商人心中不可能有这样的地位，也不可能受到那么隆重的祭祀。所以，更可能的情况是，伊尹既辅佐了商汤，又辅佐了太甲，而且还帮助太甲改正了他的错误，所以他在商王和商朝的民众心中才有那么崇高的威望，一直受到商王的祭祀。这是我们对伊尹和太甲关系的认识。

殷都屡迁

商朝有一个很有意思的现象,就是它的都城经常迁移。按照古书中所说,"殷人屡迁,前八而后五"。商朝的都城不断地迁移,"前八"就是在商汤灭夏之前迁移了8次,"后五"就是在商汤灭夏以后又迁移了5次,也就是说它的都城前后至少迁了13次。商朝为什么要把它的都城不断迁移?这是一个历史之谜。

过去学者们对这个问题有很多探讨,有不同的认识。有人认为殷都屡迁是因为要避水患,因为当时各地会发生水灾,一旦发生水灾,就必须迁都避难。另一种说法是,因为当时的农业还是粗放型的,把树砍了以后就撒一些种子在那里,但是经过若干年的开发,这个地方的土地就会比较贫瘠,所以为了保证收成,就必须迁都到别的地方发展。

也有学者说是出于与其他方国联盟的需要,因为当时商朝与其他一些方国和部落结成联盟,为了便于与这些方国和部落沟通联系,在不同时期与不同的部落保持一个比较密切的关系,所以需要经常迁移都城。不管怎么说,殷都屡迁是一个非常值得注意的现象,它是商朝发展过程中的一个典型特征。

到了盘庚的时候,殷都的迁移就停止了。盘庚把都城迁到殷这个地方,就是今天河南安阳小屯村这一带,这个地方后来也被称为殷墟。因为在周武王灭商以后,殷都就废弃了,成了一处废墟,所以称为殷墟。盘庚迁殷以后,商朝就再也没有迁都了,所以按照史书的说法,自从盘庚迁殷以后,在后来的273年里,"更不徙都",就再也没有迁移都城了。商朝的前期和后期的分界点就是盘庚迁殷,迁殷之前的商朝和迁殷以后的商朝是两个不同的阶段。

盘庚迁殷图

我们现在了解得比较多的是殷都屡迁以后的情况，对迁殷以前的商朝的历史了解得很不够。在盘庚迁殷之前，商朝曾经发生过"九世之乱"，就是前后有九个王统治期间，连续发生王位争夺事件，一直处于动荡中。盘庚迁殷以后，这个局面才逐渐改观。

盘庚迁殷以后，从盘庚到商王武丁之间还有一段历史，这段历史我们也不是特别了解，因为史料很有限，虽然历代商王的世系在《史记·殷本纪》里有详细的记录，但是具体情节很少。

武丁时期

武丁在位以后的历史我们比较熟悉，主要原因就是在那之后，我们发现了很多甲骨文。我们现在所看到的甲骨文，主要内容都是武丁时期和武丁之后各代商王统治期间的文字记录。另外我们还发现了很多青铜器，青铜器上也有铭文。但不管是甲骨文还是青铜器上的铭文，基本都是商朝中后期的文字记录，也就是盘庚迁殷以后的。实际上甲骨的占卜在那以前也有，但是没有文字。金文也是，商朝中后期之后才有这种在青铜器上刻写文字的习惯，之前很少，甚至没有。

所以，我们前面讲没有发现夏朝的文字，这是可以理解的，因为当时文字资料应该是用竹简或木简书写的，但是竹木简这样的材料很容易腐烂，不容易保存下来。我们现在要看到夏朝和商朝的竹简或木简，是不太可能的。而在夏朝的时候，没有在甲骨或青铜器上刻文字的习惯，所以我们现在很难发现夏朝的文字资料。

商王武丁统治期间，商朝达到了极盛阶段。在武丁之后，商朝还持续繁荣了一段时间，然后就开始逐渐走向衰落。到了商王

殷墟出土刻有卜辞的甲骨

纣在位的时候，商朝的混乱已经达到了极点，最后被周武王消灭，商朝就此灭亡。

商朝的对外联系达到了非常广泛的程度，因为商人本身非常善于经商，他们的足迹遍布天下。从商朝殷墟的遗址来看，商人与外界的交流可以说非常广泛。以甲骨来说，商朝所用的甲骨，就是乌龟壳，既有本地的，也有很多是从很远的地方运来的，最远的来自今天的马来半岛一带。从马来半岛到殷墟，可以说是万里之遥了。

再比如商朝铸造的青铜器，根据对里面的放射性元素的检测，商朝周边的地区没有那样的铜矿，其放射性元素和云南个旧的铜矿是较为一致的。所以，商朝的一些铜料可能来自云南。

另外，妇好墓里——妇好是商王武丁的妻子——出土了大量的铜器、玉器和象牙器等，其中很多玉器的玉料来自新疆地区。从这些方面来看，商朝和各地的经济、文化的交流程度，实在超出我们的想象，可见商朝完全不是一个封闭的政权，它和外界有着密切而广泛的联系，这对商朝的发展来说也是非常重要的。另外，马车和其他一些东西，也从中亚和其他地方传到了商朝，对商朝的发展起到了至关重要的作用。

妇好墓玉器

甲骨文的世界

文：刘国忠

我们都知道，甲骨文是商朝时期留下来的重要文字资料，它是商王占卜的记录。但是，这种说法本身是不全面的。为什么这么说呢？

全面认识甲骨文

甲骨，包括龟甲和兽骨，龟甲当然就是乌龟壳了。商朝所用的龟甲，既有殷墟附近当地的龟，也有从远方运来的龟，甚至有从马来西亚那一带运来的龟，可见商朝和海外之间的商业往来是非常频繁的。兽骨一般是牛的肩胛骨，还有其他动物的骨头，比如鹿的骨头，甚

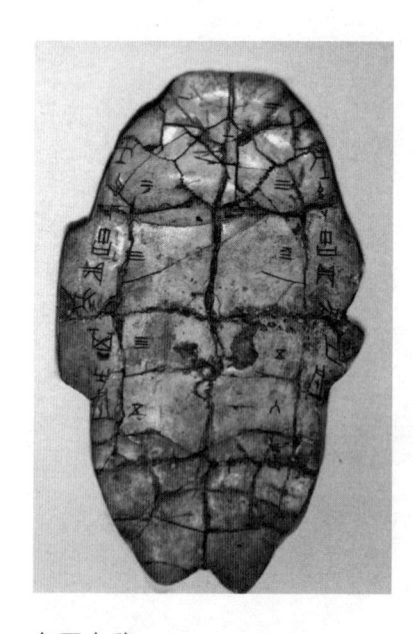

龟甲卜辞

周公庙甲骨

至大象的骨头，也可以作为刻写的材料。

目前我们一般都认为甲骨文是商朝的，实际上并不完全是这样。我们不仅发现了商朝的甲骨文，还发现了西周时期的甲骨文，甚至有个别的可能是西周中期的。20世纪50年代，在山西洪洞就发现了西周的甲骨文。除此之外，在陕西的岐山和凤雏一带发现了周原甲骨，周原甲骨都是周人的占卜记录。周原甲骨虽然数量很多，但大量的甲骨上是没有文字的，只有几百片甲骨刻写了文字。前些年在陕西岐山的周公庙又发现了大批甲骨，也是西周时期的。可见从时代来说，甲骨文并不都是商朝时期的，西周时期也有。

商朝的甲骨不仅在殷墟有发现，在其他地区也有发现，比如在郑州，还有山东济南的大辛庄。21世纪初，在济南的大辛庄发现了一些甲骨，大辛庄那一带是商朝在东方的一个重要军事据点。

按照传统的说法，甲骨文是商王占卜的资料，这个说法也不全面，当然主要是商王占卜的资料，但也有很多不是。比如商朝的一些贵族，他们也可以用甲骨来进行占卜，所以有学者说，甲骨文可以分为王卜辞和非王卜辞，就是除了王占卜的资料之外，还有贵族占卜的资料。这也是我们需要注意的。

因此，虽然大家都听说过甲骨文，但是实际分析起来，它是非常复杂的：从时代来说，既有商朝的，也有西周的；从分布的范围来说，既有殷墟的，也有其他地区的；从内容来说，既有商王的占卜记录，也有其他贵族的占卜记录。所以，我们对甲骨的认识应该更全面一些。

甲骨文的发现

甲骨文的发现值得我们大说特说，最早发现可以追溯到1898年，就是19世纪末。当时河南安阳小屯这个地方的农民在地里种庄稼的时候，会在地里发现一些乌龟壳或者动物的骨头，当地人把它们称为"龙骨"。农民觉得"龙骨"在地里很碍事，经常把它们扔到一边的废井里，或者拿回家，卖给一些做刀疮药的。当时有个姓李的剃头匠，经常把这些骨头磨成粉，做成刀疮药。所以，很多甲骨在这个过程中被毁掉了。转机发生在1898年，当时有一些古董商到安阳这一带来收购古董，他们看到农民手里这些甲骨以后，就试着收购了一些，然后去向一些学者请教。其中有一个姓范的古董商，拿着甲骨到北京找到了当时的国子监祭酒（相当于国立大学的校长），名叫王懿荣。

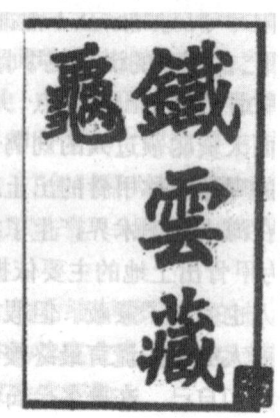

刘鹗像与《铁云藏龟》书影

王懿荣是非常著名的金石学家，他看到这些材料之后，非常吃惊，问这些材料是从哪里获得的。古董商为了隐瞒真实的出土地点，就说是河南汤阴，汤阴就是岳飞的老家。王懿荣非常兴奋，让古董商再去大量收购这些甲骨，他愿意全部购买。在他的鼓动下，这个古董商又去安阳买了很多甲骨卖给他。

但是王懿荣还没来得及进行细致的研究，在1900年就发生了义和团事件，王懿荣支持义和团，所以他在北京城被八国联军攻破的时候投井自杀了。他所收购的这些甲骨就流散了，其中大部分被他的一个朋友刘鹗，就是《老残游记》的作者买去了。后来刘鹗选取了其中的一些甲骨出了一本书，叫作《铁云藏龟》。《铁云藏龟》出版以后，当时很有名的学者孙诒让就开始对甲骨文进行研究，写了一本书，叫《契文举例》。此后甲骨文就逐渐为世人所认识了。后来很多收藏家，比如罗振玉，还有其他很多人，都纷纷到安阳去收购甲骨。1928年，国民党在北伐胜利后成立了中央研究院历史语言研究所，里面设了一个考古组，考古组就立即组织考古队员到安阳进行大规模的发掘。经过十几次的发掘，收获了很多甲骨和其他材料，使殷墟作为商朝都城的观点得到进一步确立。中华人民共和国成立后，考古工作人员对安阳进行了长期的发掘，在20世纪70年代至90年代，这个地方还有大批的甲骨资料被发现，对甲骨的研究产生了深远的影响。

最早的信史

甲骨文的发现具有非常重要的历史意义。为什么这么说呢？因为从19世纪末开始，无论是中国还是外国，都掀起了一股怀疑中国历史的思潮。很多学者认为中国的上古历史靠不住，有学者提出了这样的观点，说"东周以上无信史"，就是说春秋战国以前的历史都是不可靠的，都是假的。比如日本有一个很有名的学者白鸟库吉，他提出了"尧舜禹抹杀论"，否认尧、舜、禹是真实的历史人物，而认为这都是中国人编出来的上古神话。中国当时也有一些学者发起了"古史辨"运动，对中国的上古历史、典籍予以严格的审查，认为中国的上古史都是靠不住的，很多上古文献也是后人伪造的。"古史辨派"本身对突破封建因素确实起到了积极的作用，但是他们完全否定了上古历史，导致了大家对上古历史的迷茫。而甲骨文的发现，从另外一个层面印证了中国上古历史的可靠性。

在这方面做出突出贡献的就是中国著名的国学大师王国维先生。王国维先生对甲骨文进行研究之后，撰写了一些非常经典的著作，其中有两篇著名的论文：《殷卜辞中所见先公先王考》及《殷卜辞中所见先公先王续考》。在这两篇论文中，王国维把一些碎了的甲骨拼接好之后，有一个非常惊人的发现，他发现甲骨上有非常完整的商朝各王的世系，他把这个商王的世系与《史记·殷本纪》进行对照，发现这两者基本是吻合的，这就说明《史记·殷本纪》的记载是非常可靠

王国维（左）与甲骨文学家罗振玉
1919年于日本京都合影

的。这样，一方面他印证了甲骨文就是商朝的文字资料，另一方面他又通过对甲骨的研究，证明了《史记·殷本纪》是准确可靠的商代历史资料。所以，这个研究把过去大家都怀疑和否定的上古历史往前推了很长时间，从过去认为东周以上无信史，推到了商朝武丁时代。如此一来，中国的信史，也就是可靠的历史，大大地往前推进了。所以，今天的所有学者在研究中国历史的时候，谁也不能否认商朝的存在，不能否认商朝所达到的文明高度。

但是我们要知道，甲骨文不是商朝所有文字资料的总和，它只是商王的占卜记录，而占卜活动在当时只是一个很小的方面。当时社会上通行的书写材料是用竹子或木头加工成的竹简和木简，但是这些材料容易朽烂，没能保存下来。所以，从来源来说，甲骨资料是很有限的，但是在这些有限的资料里，竟然保存了5000多个汉字，而且这些汉字里有大量的形声字。而形声字是文字很成熟以后才会大量出现的，所以甲骨文是一种非常成熟的文字。既然武丁时期已经有这么成熟的文字，那么在这之前一定有一个很长的发展历程，所以我们说夏朝的历史和商朝早期的历史一定是可靠的，而且一定有文字资料，其原因也在于此。

甲骨文对商朝历史研究的意义

我们发现了这么多甲骨文，对商朝历史的研究到底起到了什么样的作用呢？可以说，甲骨文除了印证了商朝历史的可信之外，还对商朝历史的研究产生了深远的影响。比如《周易》里有一句话叫"高宗伐鬼方，三年克之"，过去大家都认为"鬼方"是"远方"的意思，就是有一个国君去讨伐远方的敌人，用了三年时间才取得胜利。但是结合甲骨文和其他资料之后，大家认识到"高宗"就是商王武丁，而"鬼方"正好在甲骨文里有记载，是武丁多次对鬼方发动战争。所以这样看起来，"高宗伐鬼方"的意思就是武丁当时对鬼方这个部落发动了长期的战争。这些都是我们发现甲骨文以后所获得的新知识。

那么，有没有一些与甲骨文里的记载相吻合的考古发现呢？我们说是有的，最重要的发现就是妇好墓。妇好墓是安阳的考古工作者在1976年发现的一座很重要的墓葬，墓葬的规模并不是特别大，但里面埋葬的是非常著名的人物，就是妇好。妇好在史书里并没有记载，但是在甲骨文里有关于她的大量记载。她就是殷高宗武丁的妻子。甲骨文里提到妇好的地方有200多处，从这些甲骨文的记载可以看出，武丁对妇好是非常关心的，妇好生病的时候，武丁就要进行占卜，看她什么时候能好。妇好有一次怀孕生产，武丁也是非常焦急，一再卜问她是不是能够顺利产子。"妇好"这个名字在所有文献里都没有提到，只有甲骨文里提到了，正好我们在1976年又发现了妇好的墓葬，这样就产生了甲骨文的内容和地下的考古发现完美对照的一个成功范例。所以，一方面妇好墓的发现可以印证甲骨文的记载真实可靠，另一方面甲骨文也为我们对妇好墓的断代提供了真实可靠的证据。

妇好墓里出土了大批精美的玉器、青铜器，还有象牙器等文物。

刚出土的时候,大家都不知道这些东西是什么时代的,商朝有早期、中期、晚期,到底是什么时期的呢?很多人就认为,这么精美的文物,肯定是到了商朝后期才能制作,才能达到这样的水平。但是,铜器上的一些文字提到了妇好,而这个妇好正好在甲骨文里有记载,她就是武丁的妻子。通过这一点,大家就可以确定妇好墓的年代。过去学者们认为甲骨文中提到的妇好有两个人,一个是武丁时期的妇好,另一个妇好是稍晚期的。妇好墓发现之后,学者们经过反思,认为晚期的妇好和武丁时期的妇好是同一个人,过去认为甲骨文中提到的妇好是两个人,这种观点是有问题的,最关键的原因就是对甲骨文的分期断代的理论有缺陷。所以,妇好墓的发现使得甲骨文研究进入了一个新的阶段。

甲骨文在2017年被列入《世界记忆名录》,这是对甲骨文价值的又一次充分肯定。通过对出土的甲骨文、金文以及其他一些材料的研究,我们对商朝的了解要远远比司马迁那个时候丰富得多。但是,对甲骨的研究是非常困难的,因为甲骨很容易破碎,而且甲骨文里还有很多我们不认识的字,所以对甲骨的研究和认识还有很多工作需要我们去做。

武王灭商

文：刘国忠

商朝灭亡

我们知道商朝的最后一个国君是商纣王，对于商纣王的暴行，看过《封神演义》的人应该都有很深刻的印象。但这种文学作品的描述实际上是有问题的，关于这一点，孔子的学生子贡曾说过一句很有名的话，他说："纣之不善，不如是之甚也。"意思就是纣王他是不好，可是他再不好，也没有传说的那么厉害。那么，为什么会这么传呢？子贡说："是以君子恶居下流，天下之恶皆归焉。"所以，作为君子，要提高自己的品行，不能做那些被人看不起的人，一旦被人看不起，天下所有的坏事都会往他身上堆。民众都有这个特点，你要是好，就觉得你好还不够，还要给你好上加好；你要是坏，就觉得你坏还不够，还要给你坏上加坏。实际上，我们从《史记》的记载中可以知道，纣王这个人还是非常有能力的，据说他力大无比，可以和猛兽搏斗，而且他非常聪明，正因为他太聪明了，所以听不进大臣的话。所以，纣王实际上是一个很有能力的人，并不是我们想象中那么坏的一个人。这是一个方面。

《封神演义》插图：左为比干和闻仲，右为商纣王和妲己

另一个方面是，商朝的灭亡有特定的背景，就是在商朝的后期，商朝和东方的东夷之间的矛盾爆发了，所以商纣王把很多力量都集中到东方去对付东夷。结果周武王灭商的时候，商王朝的大军都在镇压东夷的叛乱，国内处于一个空虚的状态，没有实力来与周军抗衡，所以周武王正好利用了这个机会。按照《左传》的说法，叫"纣克东

夷，而陨其身"，就是商纣王虽然战胜了东夷，但是把自己的性命给丢了，因为他的大军都驻扎在东方，没有办法赶回来和周军作战。这也是西周初年面临重要危机的原因，实际上东方还有很多商朝的力量，灭商之后的周人还没有能力控制住东方，因此导致了西周初年的一系列战争。

周人崛起

周人的崛起也是非常值得一提的。周人的祖先相传是后稷，后稷的母亲叫姜嫄。姜嫄生后稷有一个故事，据说姜嫄有一次去野外，看到地上有一个很大的脚印，她觉得很好奇，就用自己的脚踩到这个巨人的脚印里去比对，看自己的脚和这个巨人的脚有多大差别。这一踩不得了，她居然怀孕了。十月怀胎，生下了一个儿子。因为这个孩子没有父亲，所以姜嫄很嫌弃，就想把他给扔了。但是不管她怎么扔，总是有奇异的事情发生。比如把这个孩子扔到冰面上，就有一只大鸟飞到冰面上，用自己的翅膀盖住他，不让他冻着。姜嫄觉得这个孩子很神奇，就把他抱回家养大了。因为最初想把他抛弃，所以给他取名叫弃。

后稷像

弃长大以后，因为非常善于种庄稼，所以被人称为后稷，就是农业之神。所以，周人的兴起和后稷有关，就是说周是一个农业民族，与农业的发展密切相关。后稷的子孙后来逐渐发展壮大，到其后代公刘的时候，他率领周人迁到了豳，就是今天的陕西彬县一带。公刘的儿子庆节正式在豳建立了周国，周人的崛起壮大从此开始。

后来到了古公亶父的时候，又把都城从豳迁到了周原，就是今天的陕西岐山、凤雏一带，周的实力越来越壮大，开始有了和商朝一较高下的能力。到了古公亶父的儿子季历在位的时候，周人因为实力越来越强大，引起了商朝的警觉，所以商朝的国君文丁就把季历给杀了。季历的儿子昌，也就是后来的周文王，带领周人继续发展。最后周人的实力已经不可阻挡了，按照《论语》的说法，当时周人的力量已经"三分天下有其二"，周人的实力已经超过了商朝。

"商戚在周，周戚在商"

前几年，我们在清华简里发现了一篇与周文王有关的文献，叫《保训》。《保训》记载的是周文王的遗言，就是他临终时交代他的儿子发，也就是周武王，要好好治理国家。另外，清华简里还有一篇文献叫《程寤》。《程寤》的故事更有意思，这篇文献的背景是这样的，周文王的妻子名叫太姒，太姒有一天晚上做了一个梦，梦到商朝的朝廷里长满了荆棘，她的儿子发，也就是周武王，就在商朝的朝廷里种下了很多周人的树。太姒做了这个梦以后很吃惊，就告诉了周文王，周文王赶紧把发叫来进行占卜。占卜的结果就是，这是一个非常吉利的梦，这个梦的寓意就是周有机会战胜商，上天已经把商的天命转给了周。他们非常高兴，就向上天跪拜，感谢上天把天命赐给了他们。在这个过程里，周文王对发说了一句话："商戚在周，周戚在商。""戚"是什么意思呢？就是忧患的意思，商人的忧患来自周，周人的忧患来自商。所以，这个记载对我们了解商和周之间的关系非常有帮助，因为按照一些传世文献的记载，周文王对商纣王忠心耿耿，因为周本来是商的一个附属国。但是我们看了《程寤》和其他的一些材料之后，应该对这一点有不同的认识。为什么这么说呢？因为周文王的父亲季历是被商王所杀，所以如果说商和周之间毫无隔阂，而且周文王对商朝忠心耿耿，这实际上是有问题的。《程寤》里说"商戚在周，周戚在商"，正好揭示了商、周之间不可调和的矛盾所在。

据说周文王在位50年，他生前没有机会消灭商朝，这个目标是他的儿子武王实现的。我们在前面已经说了，当时商纣王正面临着东方的叛乱，所以他把所有的军事力量都集中到了东边，而这个时候周武王就带领他的盟国军队浩浩荡荡地攻到了商朝的郊区牧野一带，并举行了誓师，历数商纣王的种种罪行，要求军队勇猛杀敌。牧野之战以后，商纣王见大势已去，就自焚了。这就是商朝灭亡的大概情况。

牧野之战的时间

牧野之战的具体年代是什么时候，史书上并没有很明确的记载，但是具体在哪一天，是有明确记载的。按照《尚书·牧誓》篇的记载，是在"甲子"这一天。这个记载到底可不可靠呢？1976年，考古工作者在陕西临潼发现了一件很重要的青铜器，叫利簋。利是一个人

利簋

的名字，这个人在牧野之战后的第七天得到了周武王的赏赐，所以他专门做了这么一件青铜器来做纪念。这件青铜器的铭文里很明确地记载了武王征商是在甲子这一天的早上，所以这就验证了武王是在甲子这一天发动牧野之战，打败了商纣王。具体是在哪一年，因为史书上没有记载，所以过去很多学者都进行过讨论。"夏商周断代工程"的专家结合青铜器和各方面的考古材料综合研究判断，认为在公元前1046年的可能性是最大的，所以现在一般都把牧野之战的时间定在公元前1046年。

商周政权变更

从商朝到周朝，虽然只是一个政权的变更，但是它的影响非常深远。王国维先生当年写过一篇非常有名的论文，叫《殷周制度论》。这篇论文的一个重要观点就是，中国历史上变革最剧烈的时期就是从商到周的这段时期。当然，从今天来看，这个说法确实有夸大的成分，因为商、周之间还是有很多文化承袭的，就是继承的成分。但是从商到周，确实也有很多地方出现了比较明显的变化。我们可以举出若干个方面。

比如人们的思想观念发生了重大的变化。商朝的人非常重天，非常强调祭祀，所以商朝的青铜器上有很多神秘的图案，让人产生一种敬畏之感。这种情况到了周朝以后，变化比较明显。周朝的人是比较重文的，所以随着时代的发展，周朝的青铜器上的纹饰越来越简单，甚至只是点缀而已，完全没有了商朝那种神秘庄重的色彩。

再比如，商朝人特别喜欢喝酒，甚至他们自己都觉得，可能就是因为喝酒喝得太多了，大家都非常颓废，才导致亡国。所以周朝建立之后，就采取了很严格的禁酒措施。我们都知道《尚书》里有一篇叫作《酒诰》，《酒诰》就是周公禁止周朝的贵族饮酒的禁令，其中强调，如果酗酒，就会受到严厉的惩罚。与此相印证的就是，商朝的酒器特别多，妇好墓里发现了大量的酒器，我们想象不到妇好作为一个女子，竟然也这么能喝酒。但是到了周朝以后，商朝流行的酒器就明显减少了，有些酒器甚至就绝迹了。从这一点也可以看出商周时期的变化。

另外，到了周朝以后，特别强调礼乐制度的建设，周公本人是这方面的一个积极的倡导者，所以这对周代文化的变化也产生了积极的作用。而周代的文化，还有各方面的制度，直接影响了中国后来的文化发展，今天的很多制度和观念，如果追根溯源，都和周朝的文化密切相关。所以，孔子曾经说："郁郁乎文哉！吾从周。"周朝的这些礼乐制度和文化，孔子本人是特别赞赏的，孔子虽然是殷人的后代，但是在文化上，他更认同周代的文化，而不是商代的文化。

周人很重视分封制、宗法制、礼乐制度等，这些实际上都是周人借鉴商朝亡国的教训之后制定的新措施。这些措施使得周朝成为一个延续了近800年的王朝，它的成功很大程度上应该说是因为吸取了商朝亡国的教训。

成康之治

文：刘国忠

西周初年的局势

我们在前面已经讲过，周武王完成了灭商的大业，但这只是完成了周人统治的第一步，并不意味着周武王彻底完成了对这个国家的管理。周武王灭商之后，一直忧心忡忡，因为他知道接下来的统治工作可能更艰巨。根据《史记》的记载，周武王灭商之后，由于心理负担很重，经常整夜不能睡觉，怎样巩固灭商的成果，完成对国家的治理，种种问题摆在了周武王面前。因为周朝的都城在镐京，就是今天的西安附近，要完成对东方的管理非常不便，所以周武王在灭商返回的途中一再留意，希望找到一个更合适的地点来建立新的都城，完成对国家的治理。他在撤军的过程中经过洛邑，就是今天的洛阳一带，觉得这个地方是一个非常理想的定都地点，所以希望在洛邑一带建立新的都城，为此他曾经与周公进行了详细的讨论。但是，周武王回去之后，没过多长时间就生病去世了。周武王去世后，周王朝内部的贵族出于不同的目的，对当时周公摄政这个局面表示不满，商纣王的儿子武庚就利用这个机会，联合这些贵族发动了三监之乱。

周公像，出自《历代名臣像解》

周公东征

三监之乱在当时的影响非常大，西周刚刚完成灭商，实际上还没有能力控制全国的局面。但是，在周公的有力领导下，周人很快就组织了一次大军东征。按照《尚书大传》的说法，周公居摄以后，"一年救乱，二年克殷，三年践奄"，殷就是殷墟那一带，奄（或称商奄）就是今天的山东曲阜。当时山东曲阜这一带有另外一支重要的力量，就是秦人的祖先。秦人的祖先是嬴姓，曲阜这一带是秦人祖先的一个聚居地点。

当时秦人中有一个著名的首领，叫飞廉，据说跑得非常快，他的儿子叫恶来，据说可以和猛兽搏斗。周武王伐纣时，恶来被杀了，飞廉因为被商纣王派去出使北方，所以侥幸逃过了这个劫难。在西周初年的时候，飞廉又回到了山东一带，积极联络他的同族，伺机造反。周武王去世后，商奄这一带嬴姓的民众起来造反，所以周公在平定了三监之乱后，又继续东征，打到了曲阜这一带，平定了奄人的叛乱，而且把飞廉也杀了。

飞廉被杀后，参与叛乱的嬴姓民众就被迁移到西周的西北边境，也就是甘肃一带，实际上是把他们发配到了边疆，让他们在西北地区驻守，防御西北地区的戎人，这些人就是后来的秦人的祖先。他们在那里定居下来以后，实力不断发展壮大，最后又不断东进，完成了对全国的统一。当然这是后话了。

巩固统治

平定三监之乱使周朝的地位得以巩固，而且正是通过平定三监之乱，周人才真正有能力控制全国。那么，怎么来管理广袤的领土，有效地发展各地的经济呢？周人就想了一套分封诸侯的措施。实际上，在周武王的时候就已经开始分封诸侯了，但那时候分封的诸侯主要是一些帝王的后人和一些商朝的贤人。

在周公摄政和周成王的时候，分封的诸侯则是一些辅助周武王灭商的功臣，还有一些周王室的亲戚。按照《左传》的记载，当时的这个分封制度的主要目的就是"封建亲戚以蕃屏周"，通过分封这些与周王朝有密切关系的人，给周王朝建立一个很大的屏障。周的分封在当时叫作"授民授疆土"，就是通过举行一定的仪式，把某一块土地和上面的民众都分封给某一个贵族，这个贵族要自己到当地去发展。

所以，当时的分封制度只是给这些贵族一定的权利，让他们有条件到当地建立一个国家，然后把这些国家建成周王朝的屏障。

很多贵族都不负众望，逐渐建立起强大的政权。比如齐国，就是姜子牙的封国。姜子牙利用当地的海盐之利，煮盐以后进行贩卖，积累了大量的财富。燕国封在今天北京房山的琉璃河一带，成了北方的一个很重要的屏障。前些年在湖北随州的叶家山一带发现了南宫适的封国，随州这一带是随枣走廊的一个战略要地，对于周王室控制南方至关重要。

所以，通过分封，周王室就在那些重要的地点建立起了诸侯国。这些诸侯国的建立和发展，使得这些地方的安全形势得到了有效的保障。

另外还有一项重要的行动，就是周公遵从周武王的遗愿，开始在洛邑这一带营建东都成周。在营建过程中，周人调集了大量的人力、物力，新都建成之后，周人把一些商王朝的贵族集中到这里进行看管，这样就有效地保障了国家的安全。

周公还采取了一项很重要的措施，就是制礼作乐，建立了一套规范的礼乐制度。这个制度的实行，从制度层面为西周政权的巩固提供了一个有效的保障。

这就是周公为巩固周王朝的统治所做的一系列事情。

琉璃河西周燕国墓地第251号墓出土的父戊尊

周公称王了吗？

按照古书上的说法，周公摄政总共持续了7年，7年期满后，他就把政权还给了周成王。但是在周公摄政的7年间，他自己有没有称王，这就成了一个历史疑点。很多古书说，周公在摄政期间称王了。这个说法现在看起来是不可靠的，因为我们没有太多的证据可以证明周公称王，而且现在出土了大批的青铜器（有的青铜器上列举了西周各王的世系，但是其中并没有提到周公），还有其他资料，也没有提到周公称王。所以，周公摄政称王不是历史的真相。当时周公只是辅佐周成王治理国家，他自己并没有称王。

周公去世之后，周朝的政权继续沿着正确的轨道发展。通过分封制、宗法制，还有礼乐制度等，周王朝的统治得到了进一步的巩固。到了周康王时期，国家就全面稳固下来了。所以，《史记·周本纪》记载说："成康之际，天下安宁，刑错四十余年不用。"就是当时有40多年都不需要采取刑罚措施，也就是说当时没有什么犯罪，整个国家政治非常清明，达到了西周时期发展的顶峰。

考古发现中的周代政治

现在我们发现了很多西周初期，也就是周成王到周康王时期的青铜器，这些青铜器也从另一个方面印证了西周初年的政治。其中最典型的一件青铜器就是何尊，是一个名叫何的人所做的一只尊，尊就是酒器。这只何尊是一件特别重要的青铜器，与周公营建东都洛邑是密切相关的。我们从何尊的铭文里可以看到，周武王灭商以后，就希望在洛邑建立新的都城。按照铭文的说法，叫"宅兹中国"，就是要在中国，也就是洛邑这个地方安下家，建立新的都城。

在我们现在所看到的材料中，"中国"这个词最早就是出自何尊的铭文，所以何尊对研究西周初年的政治和当时朝廷的治理政策有很重要的作用。

除此之外，还有很多其他发现，比如沫司徒疑簋（与康叔分封到卫国有关），还有在北京房山琉璃河发现的克盉、克罍。在北京琉璃河发现的这些器物的铭文记载的是召公的儿子克被封到燕国，建立燕国的情景。传世文献里没有提到第一任燕国国君的名字，现在我们根据在琉璃河发现的克盉、克罍，知道了召公的儿子名叫克，克就是第一任燕国国君。

何尊

另外，清华简里有一篇文献叫《封许之命》，是周成王对分封到许国的一个贵族的册命。这个分封到许国的国君名叫吕丁，是许国的第一任国君，这也是我们通过这个发现了解到的。

再比如桐叶封唐的故事，当年周成王和他的弟弟唐叔玩耍，成王拿着一片桐叶做象征，说要把唐叔分封为诸侯。周公听说这件事后，就和史官找到周成王，希望他兑现他的分封承诺。后来周成王就把唐叔封到了唐，后来改叫晋。晋国的历代国君的墓地，于20世纪八九十

克盉

年代在山西的天马—曲村遗址被发现。

上述这些发现，印证了周成王和周康王时期为稳定全国的政治所采取的一系列措施。

关键人物：周公

周朝的分封制、宗法制、礼乐制等制度的有效结合，保证了西周初年国泰民安、和平安定的格局。这种局面持续了40多年的时间，让西周有了一个安宁的环境，可以很好地发展经济。这就是成康之治的大概情况。

在成康之治中真正起关键作用的人物是周公，所以古人对周公的成就予以高度评价。有人说，文王有大德，可是他没有完成功业；武王取得了大功，可是他没有实现对国家的治理。而周公是集大德、大功、大治于一身，所以在孔子之前、黄帝之后，中国历史上最有影响的人物就是周公。这是一个传统的说法。这个说法虽然有点过分强调个人的作用，但是不管怎么说，周公确实对周朝政治的稳定和国家治理的完成起到了积极作用。而且，他所制定的这一套措施，对中国历史的发展也产生了深远的影响。所以，我们在分析研究西周初年清明的政治环境的时候，不能不看到周公在其中所做出的贡献。

共和行政

文：刘国忠

西周后期发生了两个重大事件——国人暴动和共和行政。通过回溯这些历史事件，我们可以发现，很多历史的表象是由深层的原因造成的。

国人暴动与共和行政

国人暴动和共和行政是中国历史上的两件大事，发生在公元前841年，这一年是中国历史有确切纪年的开始。为什么会发生国人暴动和共和行政？按照《史记》和其他史书的记载，主要原因就是周厉王好利，经常与民众争夺各种利益。当时很多国人都很有意见，说王的坏话，召公就向周厉王报告，说民众都不堪忍受这样的压力。结果周厉王不仅没有改弦更张，反而任命卫国的巫者来监督，一旦有人说朝廷的坏话，就把他杀掉，所以当时民众都不敢说话，"道路以目"，就是在路上遇到的时候，只能用眼神来打招呼。最后老百姓不堪忍受这样的高压政策，爆发了国人暴动。国人暴动爆发之后，周厉王惊慌失措，逃到了彘这个地方，朝廷政权由周公和召公共同来执掌，号为"共和"。共和元年是中国历史有确切纪年的开始。

共和元年之后的所有历史年份都非常明确，我们知道《史记》有一篇《十二诸侯年表》，《十二诸侯年表》就是从公元前841年开始的，之后的所有年份都是确切的，之前则没有一个很明确的年份。这对中国历史的影响非常深远。我们知道，在20世纪90年代的时候，国家科技部曾经设计了一个"九五"重大攻关项目"夏商周断代工程"，断代工程的一个重要目标就是希望把公元前841年以前的历史年

夏商周断代工程专家组会议现场

代问题搞得更清楚一点。通过"夏商周断代工程",以及其他一些学者的研究,应该说,我们现在对西周以前的历史比过去有了更明确的了解,但是真正确切的历史纪年,还是从共和元年开始的。所以,这个年份对中国历史来说是非常重要的。

国人暴动的深层原因

以上是史书上关于国人暴动和共和行政的记载的大致情况。但是,历史是不是真的这么简单呢?

恐怕并非如此。西周后期发生国人暴动和共和行政,有深层的历史背景,这个历史背景就是当时西周王朝面临着严峻的外患,而这一点在《史记》的《周本纪》里并没有得到很好的体现。

我们知道,西周建立之后,早期的时候实力是很强大的,特别

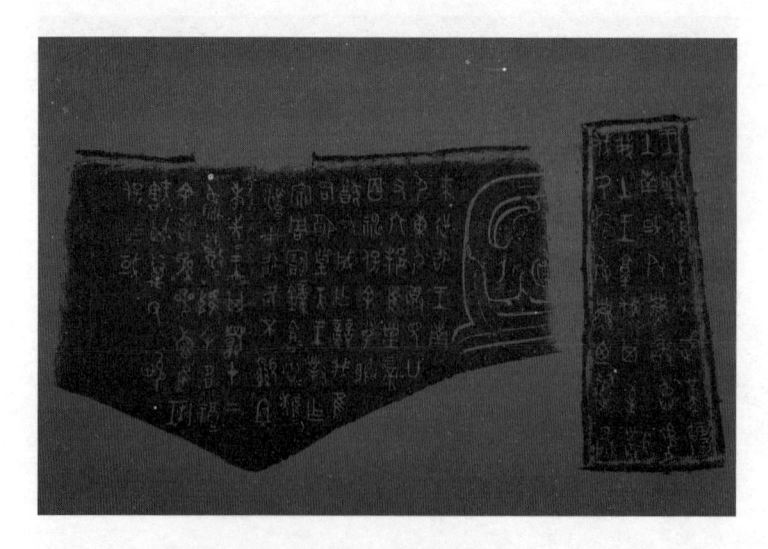

青铜宗周钟铭文记载了周厉王征伐荆楚事

是在周成王、周康王的时候，所以周边的少数民族政权都是服从的。但是到了周昭王的时候，西周就开始走向衰弱。当时南方的楚国起来了，不听从周王室的指挥，所以周昭王统治期间面临着很严重的外患。楚国联合周边的一些国家公开反叛，导致了周昭王南征。我们现在看到的周昭王时期的青铜器，很多都是与这次南征密切相关的。周昭王南征过程中经历了很多事件，最后以失败告终。

周昭王末年，昭王亲征楚国，楚国被迫表示服从。班师回朝渡过汉水的时候，楚民给周昭王送了船，都是很精美、很华丽的大船，但实际上这些船是拿胶水胶着的，行驶到汉水里，整个船就散了，周昭王和他的六师全部掉到汉水里淹死了（"丧六师于汉"）。所以，周昭王的南征最后是以失败告终。按照史书的记载，叫"昭王南征而不复"，就是他南征，最后没有回来。

后来到了周穆王的时候，除了面临南方的问题，西北边的犬戎也开始公开反叛，所以周穆王曾经征伐犬戎，虽然表面上获得了胜利，但是实际上双方的矛盾一直存在。所以，我们看到周穆王西巡天下，有很多故事，包括在西晋的时候发现了《穆天子传》一书，记载了周穆王到各地巡游的情景。周穆王巡游，当然有好大喜功的一面，但是另外一方面也和那个时候各个地方出现了很多问题有关。这种局面持续了恭、懿、孝、夷几朝，即周恭王、周懿王、周孝王、周夷王，并没有改观，到了周厉王的时候，可以说越来越严重。

这个情况在《史记》里没有记载，但是在《后汉书》里有很详细的讨论。大家可能会觉得奇怪，为什么《史记》没有记载的事情，在《后汉书》里反而有记载，这是什么原因呢？在西晋的时候，河南汲县发现了一座魏国的墓葬，里面出土了一部魏国的史书《竹书纪年》。《竹书纪年》记载的内容非常翔实丰富，《后汉书》的作者范晔是南北朝时期南朝的人，所以他有机会读到很多司马迁没有读过的材料。他在写《后汉书》的时候，就补充了很多司马迁没有看到、没有了解的事情。根据《后汉书》的《西羌传》和《东夷列传》的记载，在周厉王时期，这些戎狄，还有南方的淮夷，都和西周王朝发生了战争，而且战争都非常惨烈。这样，周厉王当时就面临着南北两线作战的局面。

为什么周厉王好利，让荣夷公来给他搜刮民众的财富？这实际上有一个很深刻的背景，就是当时西周王朝南北两线都吃紧，所以军费开支非常庞大。周厉王为了应付这种战争的需要，被迫向民众征集各种各样的物资，而这加剧了周王朝

《穆天子传》书影

和民众之间的矛盾，最后导致了国人暴动。所以，国人暴动的原因实际上和周王朝所面临的严峻的政治形势密切相关，而不仅仅是周厉王本人的性格特征或其他原因导致的。这是我们要谈的第一个问题。

共和行政的真相

第二个问题就是共和行政。按照《史记》的记载，共和行政是周公和召公共同执掌朝政，所以号为"共和"。今天我们所说的共和国，其中的"共和"实际上就源于共和行政。

共和行政是不是周公和召公共同执掌朝政，这一点实际上是很值得怀疑的。为什么这么说呢？因为我们现在看到的所有史料，除了

《史记》以外，讲到共和行政，都讲的是周厉王被赶跑以后，共国的国君名叫和，被朝廷的卿大夫迎立，代行天子之政。也就是说，当时大家都反对周厉王，周厉王被赶跑以后，朝中不可一日无君，而共国的国君和这个人，因为很仁爱，所以得到了朝廷卿大夫的支持，最后被朝廷的卿大夫拥立，代行天子之政。一直到周厉王去世以后，他的儿子姬静继位，是为周宣王，共伯和才把他的权力交出来，回到自己的国家，共和行政才结束。这是其他史书的记载。所以，现在有两种意见：一种就是周、召共和，一种就是共伯和代行天子之政。

这两种记载，到底哪一种更可靠呢？实际上，根据我们现有的资料，《史记》的说法可能是不可靠的，其他材料所说的共伯和代行天子之政，这个说法应该是真实的。因为关于共和行政的记载，只有《史记》说的是周、召二公共同执掌朝政，其他所有文献都没有这么说，都是说共伯和代行天子之政。而包括现在出土的清华简等所有材料，也都证明了周公和召公并没有共同来执掌朝政。

我想周公和召公当时应该有两个重要作用，一个作用是国人暴动的时候，召公救下了厉王的儿子静。国人暴动的时候，周厉王跑了，他的儿子在王宫里面临生命危险，召公不顾一切，把太子静藏到自己家中。暴动的国人要求召公把太子静交出来，召公为了救下太子静，拿自己的儿子冒充太子交出去。最后召公的儿子被暴乱的民众杀了，而太子静因为召公的庇护得以存活。这是召公很重要的一个贡献。

另外一个作用就是当年共伯和代行天子之政的时候，实际上应该是周公、召公和卿大夫一起拥戴共伯和，让他代行天子之政。正因为如此，共伯和才能够完成共和行政这段长达十几年的特殊的执政。所以，实际上国人暴动和共和行政的历史里，还有许多不为我们所知的秘密。

平王东迁

文：刘国忠

在公元前771年的时候，西周王朝发生了一件大事，这一年犬戎攻入了西周的都城镐京，周幽王被杀，西周也就正式亡国了。西周亡国到底是什么原因导致的呢？

传统认知：烽火戏诸侯

过去有一个非常流行的说法，说是烽火戏诸侯导致了西周亡国。这个故事大概是这样的：周幽王的王后来自申国，这个申国的王后给他生了一个儿子，名叫宜臼，宜臼后来被周幽王立为太子。后来周幽王去攻打褒国，褒国被打败后，给周幽王献了一个女子，就是褒姒。褒姒长得非常漂亮，可是她有一个特点，就是不爱笑。周幽王为了逗褒姒笑，想尽了办法，可她就是不笑。最后周幽王想了一个馊点子，因为当时一旦有敌人进攻，就点燃烽火报警，这样周边的诸侯就会赶来救援，所以为了逗褒姒笑，周幽王就让他的手下点燃烽火。周边的诸侯一看大事不好，朝廷有敌人来进攻了，就跑来救援。当他们手忙脚乱地带着军队赶到后，才发现根本没有敌人，这只是周幽王跟他们开的一个玩笑。褒姒看到诸侯国的军队狼狈不堪的样子，忍不住哈哈大笑，这让周幽王神魂颠倒。所以，为了逗褒姒笑，周幽王后来多次点燃烽火。由于诸侯屡屡上当受骗，所以后来周幽王再点燃烽火征召诸侯，他们就不肯再来了。这是西周亡国的一个背景。

另外，周幽王当时还做了一些倒行逆施的事情，比如他重用一个叫虢石父的人，这个人想尽办法帮他搜刮民脂民膏。而且，为了宠爱褒姒，他把申后给废了，改立褒姒为后，还把申后的儿子宜臼也就是太子给废了，太子就跑到了申国。申侯，就是申后的父亲，看到这个情况

戏举烽火，出自清代沈振麟彩绘本《帝鉴图说》

之后很生气,就联合犬戎一起攻入镐京。周幽王又点燃烽火召集诸侯来救援,可是谁也没有来,最后周幽王被杀,褒姒被俘虏,西周就亡国了。

这是关于西周亡国的传统说法,所以《诗经》里有一句很有名的诗,叫"赫赫宗周,褒姒灭之",显赫强大的西周,最后是因为褒姒而灭亡的。

烽火戏诸侯故事的不可靠性

我们刚才讲的这些内容,都是《史记·周本纪》里的说法,这个说法实际上是有问题的。为什么这么说呢?因为在西周时期,不太可能有烽火报警制度,这种制度是到了战国,甚至秦汉时期,特别是到了汉代才真正成熟起来的一套制度,是为了防范匈奴而建立的一套制度。西周时期根本不可能有这种烽火报警制度,自然也不可能有烽火戏诸侯这样的事情发生。

司马迁在写这一段历史的时候,实际上是不得已而为之。为什么这么说呢?从西周灭亡到平王东迁这段历史,我们经常称其为两周之际的历史,这段历史由于材料特别缺乏,所以是很难写的。司马迁写《史记·周本纪》这一段的时候,所依据的材料是《吕氏春秋》里的一篇文章,叫作《疑似》。《吕氏春秋·疑似》并没有讲到有烽火,而是说当时在一些大路上修了一些碉堡,碉堡上放置一些大鼓,如果有敌人来,会击鼓相告。

实际上,《吕氏春秋》这个记载也是战国后期留下的一个故事,也不可靠。而且这里的史实还有一些其他的问题,比如清代有学者指出，申国在今天的河南南阳一带，犬戎的位置虽然不是很清楚，但一定是在甘肃附近，所以申国在周王朝东南1000多里的地方，而犬戎是在西周的西北边，两者相距非常遥远。申侯要去联合犬戎攻打西周，而且还要越过周王朝相互勾结，这几乎是不可能的。

另外，按照《史记》的说法，后来周平王东迁是为了躲避犬戎，这个说法也是不合理的。钱穆先生提出，犬戎杀了周幽王，所以他们是势不相容的，可是对周平王来说，犬戎实际上不是敌人，而是友军，所以他怎么可能为了躲避犬戎而东迁？所以，钱穆先生觉得这个说法也是不可靠的。

周室曾有二王并立

西晋的时候，在河南的汲县发现了一处墓葬，墓葬里出土了一批竹简，里面有一部魏国的史书，叫作《竹书纪年》。《竹书纪年》里也记载了西周亡国这段历史，与《史记·周本纪》的记载很不一样。按照《竹书纪年》的记载，褒姒的儿子叫伯盘（或作伯服），当时申后的儿子宜臼跑到了西申，周幽王就把伯盘立

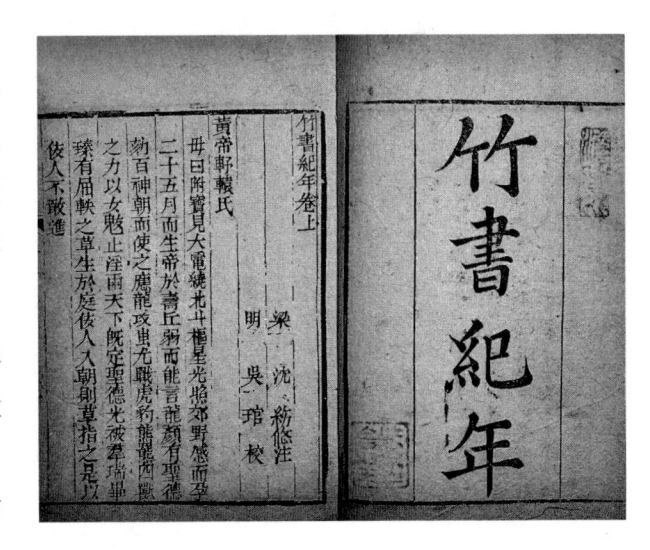

《竹书纪年》书影

为太子,最后周幽王和伯盘都被杀了。

周幽王被杀以后,还发生了一件事情,有一个叫虢公翰的人,又拥立了另外一个人做王,这个人叫王子余臣。所以,按照《竹书纪年》的记载,当时有二王并立这么一个局面。一直到"二十一年"的时候,王子余臣才被晋文侯所杀。这个"二十一年"到底是王子余臣的二十一年,还是晋文侯的二十一年,记载也不清楚,有很多争论。

这段历史因为史料特别缺乏,所以这些问题一直没有办法得到很好的解决。幸运的是,2008年,清华大学入藏了一批战国竹简,其中有一部很重要的历史著作,叫作《系年》。《系年》里有西周亡国、平王东迁这段历史的记载,可以在很大程度上弥补传世文献的不足。

西周灭亡的过程

我们来看看清华简的《系年》对这段历史是怎么记载的。按照《系年》的记载,周幽王是娶妻于西申。看到这个记载以后,我们特别激动。为什么呢?过去大家一直以为周幽王的申后来自申国,我们刚才说了,申国在河南南阳一带。南阳的这个申国在20世纪80年代的时候出土过一批青铜器,青铜器上明确记载了南阳这个申国是南申,而现在我们看到清华简的《系年》里说周幽王的妻子来自西申,这下我们就恍然大悟了,原来周幽王的妻子不是来自南阳的申国,而是来自西申国。西申国的位置我们不是很清楚,但它一定是在周朝的西北边。据说在周成王的时代,西申国曾经派人来进贡,所以这个国家是一直存在的。

周幽王的妻子来自西申国,这是我们过去不知道的。这两个人

（申后、褒姒）各自有儿子，为了争夺君位，就开始了竞争。因为褒姒受到周幽王的宠爱，所以周幽王和伯盘就赶跑了宜臼，宜臼就跑到了西申国。后面的记载我们又是第一次知道，宜臼跑到西申以后，周幽王还起兵去包围了西申，要求西申交出宜臼，目的很明确，就是为了赶尽杀绝，免得给伯盘留下隐患。西申国当然不愿意把宜臼交出来，这样，双方的冲突就不可避免。在这个时候，西申国有一个盟国叫鄫国，鄫国的位置我们也不清楚，但一定是西申国和犬戎附近的另外一个国家，想救援西申，可是实力不够，就投降了犬戎，联合犬戎一起来攻打周幽王。周幽王和伯盘猝不及防，就被杀了，西周就是这样灭亡的。

所以，我们现在了解了，西周亡国的历史与《史记》中的记载是很不一样的，这里面根本没有所谓的烽火戏诸侯这个背景，应该说是西周统治者内部争权夺利，最后引发了战争。在这个过程中，犬戎与西申和太子宜臼联合，杀了周幽王和伯盘。

平王东迁的真相

除此之外，关于周平王东迁的记载也存在很多问题。过去大家认为周幽王被杀后，平王就继位了，继位以后就东迁到了洛邑，所以历史年表都是公元前771年周幽王被杀，西周亡国，公元前770年周平王东迁。

实际上，这段历史远远没有那么简单。我们前面已经说过，根据《竹书纪年》的记载，当时曾有二王并立的局面，现在我们看到清华简《系年》里的记载，这一点又可以得到进一步的印证。根据清华简

《系年》的记载，西周亡国之后，朝廷里的卿大夫就拥立周幽王的弟弟余臣做周王，当时称为携惠王。携惠王一共在位21年，最后被晋文侯给杀害了。

所以，实际上西周亡国之后，统治者内部的动乱纷争、争权夺利并没有马上结束，而是立即陷入了二王并立这么一个局面。这个局面持续的时间是非常长的，一直持续了21年。21年之后，由于晋文侯支持周平王，才把余臣给杀了，周平王才真正取得了胜利。

不过，《系年》里有一句话，到现在为止还有很大的争论，叫"周亡王九年"，就是周朝曾经有9年时间没有国君。这到底是什么意思？学术界对此还有不同的争论，我们暂且不管它。之后，晋文侯就把周平王迎接回来，又过了3年，才东迁到洛邑。

所以，从这个记载来看，周平王东迁实际上经历了一个漫长的过程。周幽王被杀、西周灭亡以后，周平王和携惠王，也就是王子余臣，为了争权夺利展开了长期的内战。在这之后，可能经历了9年的无王阶段，可能是朝廷在这9年里一直没有承认周平王作为王的身份。在此之后，又过了3年，因为有晋文侯的支持，周平王才东迁到了洛邑。

所以，实际上周平王实现东迁，应该是在公元前740年左右，这和我们过去认为的西周一灭亡，周平王就东迁是很不一样的。

《春秋》的难言之隐

这个背景使我们联想到，我们过去对《春秋》《左传》的一些理解可能有些问题，比如我们知道《春秋》《左传》都始于鲁隐公元年，是从公元前722年开始记载的。为什么《春秋》要始于鲁隐公元年，而不是从周平王东迁开始写？过去大家觉得很奇怪。现在我们了解这个背景之后，就可以理解，实际上鲁隐公之前还有两任国君，就是鲁孝公和鲁惠公，鲁孝公和鲁惠公在位的时间正好是周王朝周幽王被杀，周平王和携惠王之间争权夺利的时期，当时整个西周朝廷陷入一片混乱。而孔子作《春秋》的特点是什么？就是为尊者讳，为亲者讳，对朝廷里的一些事情，能隐瞒的就隐瞒。所以，我们看到晋文公在城濮之战中取胜后，召集各国诸侯会盟，要求周王前去参加，《春秋》里却说周王去巡狩了（"天王狩于河阳"），等于是视察去了。从这个记载我们就可以知道，孔子的《春秋》是要为尊者避讳的。

连环画《城濮之战》书影

当时面临周王朝长达二三十年的内乱，而且是两个王争夺王位，我们可以想象，《春秋》的作者必然觉得非常困惑，不好下笔。按理来说，携惠王，就是王子余臣，他是受到朝廷的卿大夫支持的，是正统的，但是最后他失败了。怎么来看待这段历史，怎么来写这段历史，对《春秋》的作者来说，是一个很棘手的问题。所以，《春秋》始于鲁隐公元年，很可能就是为了避免涉及这段不好处理的历史。

另外，春秋初年，在鲁隐公和鲁桓公的时候，经常有周平王向各个诸侯国要钱要车的记载，这也可以从另一个侧面印证周平王东迁实际上是很晚的事情。他刚迁到洛邑，百废待兴，各方面的经济实力有所不足，所以经常要求各诸侯国支持。

从这些方面来看，我们要知道，两周之际这段历史的错综复杂程度远远超出我们的想象，而过去的历史记载把它简单化了。

儒家：长夜中的光辉

文：干春松

儒家学派的学者到底是什么样的人呢？《汉书·艺文志》里说："儒家者流，盖出于司徒之官，助人君顺阴阳明教化者也。"后面又说："祖述尧舜，宪章文武，宗师仲尼，以重其言，于道最为高。"我个人认为，"祖述尧舜，宪章文武，宗师仲尼"这三句话点出了儒家的真精神。"祖述尧舜，宪章文武"是对儒家精神的一种描述，"宗师仲尼"是指儒家学派的创始人孔子。

明人彩绘《孔子圣迹图》册页之《退修诗书图》

儒家不是复古派，其目的是面向未来

在前面的章节里，许宏老师从考古学的角度讨论了古代中国的产生。他的观点是，从考古证据的角度来看，我们目前还不能完全肯定许多出土证据属于夏朝。但是，尧、舜、禹三代之治对儒家的叙事系统来说是十分重要的，所以夏朝的存在并不是考古学意义上的存在，对儒家而言，它是一种价值指认。从某种意义上来说，夏朝是否真的存在过，对儒家的价值肯定来说并不是特别重要。近代以来，中国出现了一个学派，叫"古史辨学派"，他们从文献和考古意义上认为三代历史是被后来的史学家或思想家"层累"地塑造起来的。

古史辨学派认为三代并不存在。既然三代不存在，那么三代之治也就无从谈起。这样，儒家政治的价值目标也就没有了。说到底，儒家确立三代之治，更多的是为了给后世的政治提供一种价值标杆。

比如，儒家要以"禅让制"来宣扬"天下为公"的思想，说明天下并非统治者一家的私有物。还有，儒家强调通过汤武革命来说明民意才是统治的最好依据。革命并不是篡夺，因为桀纣乃独夫，所以对桀纣的讨伐是再次实现三代之治的一个必要手段，革命的目的是要恢复天下本来的秩序。

思想的产生肯定是基于历史，但是要超越历史，并非对历史的简单记述，或是对历史记述的简单重复。现在依然有很多历史学家从历史事实出发来否定儒家天下主义的价值，他们认为中国古代其实根本不存在天下秩序，即使存在，也没有那么美好。这都是不了解价值原理的产生规律而试图用历史事实来否定儒家价值的一种简单粗暴的做法。儒家学者绝对是一种理想主义者，哪怕因为坚持理想而在现实的政治中碰得头破血流，孔子和他的弟子也没有准备放弃这种理想。

孔子：作为丧家狗的救世主

在先秦残酷的政治现实面前，孔子和孟子这样一些始终坚持理想的人，不能获得统治者的支持而把他们的主张现实化。儒家甚至经常成为被讽刺的对象，这一点我们从《论语》中也可以看到。

《论语》里有很多对孔子的嘲讽。《论语·微子》中就记录了这样一个故事：有两个隐士，叫长沮和桀溺，两个人一起耕田，孔子从旁边经过，让子路去问渡口。长沮问子路说，那个驾车的人是谁？子路说是孔丘。长沮说，是那个鲁国的孔丘吗？子路说是的。长沮说，既然是孔子，那他早就应该知道渡口在哪里了。子路只能去问旁边的桀溺。桀溺说，你是谁啊？子路说，我是仲由。桀溺又说，你是鲁国孔丘的学生吧？子路回答说是的。桀溺说，洪水弥漫，天下都是这样，有谁能改变呢？你与其跟着孔子，不如跟着我们耕田。说完，就不停地把种子往地里撒。子路回来后把情况告诉孔子，孔子失望地说，鸟兽不可以同群。

有意思的是，虽然孔子的理想在现实中很难得到施展，但他的学生始终很多。所以，他所创立的学派也就成了先秦诸子百家中的第一大学派。儒家的影响巨大，并非汉代以后的事情，从诸子百家争鸣的时候起，儒家已经是一个公共的靶子了。如果听过墨家、道家、法家等诸子百家的主要立论，我们就会知道，他们共同的敌人就是儒家。还有一点也比较有趣，就是孔子在活着的时候就已经被人讨论他算不算一个圣人。当时很多人都把孔子看作一个救世者。

中国近代著名学者胡适写过一篇很长的文章，叫《说儒》。他这篇文章受到基督教的影响，把孔子看作弥赛亚，有点类似救世主。这是一个特别有趣的角度。汉代有一部书叫《白虎通义》，书里提出过这样的问题：孔子在世的时候，是否知道自己是一个圣人了？《白虎通义》中的回答很有意思，说孔子肯定知道，因为《论语》里有这样一句话，叫"文王既没，文不在兹

曲阜孔庙万仞宫墙

乎"。我们在很多孔庙里都可以看到"文不在兹"这样的牌匾。"文不在兹"其实就是孔子对传承文化使命的一种自我认定。

当然，对孔子最了解的莫过于他的弟子。孔子有一个很有钱的弟子，叫子贡，他把孔子的学问看作"万仞宫墙"。我们如果去曲阜的孔庙参观，就会发现孔庙外面正南门的那堵墙上刻着"万仞宫墙"四个大字。这个比喻其实是想说明，因为这堵墙太高，墙外的人根本不可能知道孔子的思想有多高深。

现在说到儒家，经常会用三个比较接近的概念：儒家、儒学、儒教。如果是在日本或欧美国家，他们更喜欢用儒教来描述儒家。但是在中国，经常说的还是儒家。西方人为什么喜欢说儒教呢？他们认为儒家思想影响如此巨大，就相当于基督教、伊斯兰教、佛教或其他伟大的宗教那样的一种宗教，因为除了宗教思想，没有哪种学说会产生这么巨大的影响。

孔子影响如此巨大，一个很重要的原因就是他的弟子众多。这是因为孔子的理想主义非常具有吸引力。现在有一种笼统的说法，叫孔子弟子三千，身通六艺者七十二人，也有人说叫贤人七十二。我们非常熟悉的孔子的弟子，比如颜回、子路、子贡、子夏等，都是中国文化史上特别重要的存在。

有教无类与因材施教

孔子的教育主要有两个原则：一是有教无类。我们前面说过，很多士人阶层的人在春秋战国这样一个混乱时期变成了游散之士，所以他们要重新学习，然后获得工作的机会。孔子并不是只收有钱的贵族或者有一定文化基础的人,他收学生的方式是有教无类,就是不管你是什么样的人,孔子都会收。二是因材施教,就是根据学生的特点提出教育方针。这样的方法我们现在听起来觉得比较平常,但是在先秦时期,它是教育上的一种巨大突破,这也就是孔子的弟子比别人多的一个重要原因。

"仁"与"礼"

人多势众肯定不是一个学派影响大的原因,孔子和他的儒家学派之所以产生如此巨大的影响,主要还是因为他所提出的思想。孔子的思想如果用两个字来概括,就是"仁"和"礼"。"礼"最初可能与某种神圣仪式有关,后来扩展到社会生活的各个方面。有一位著名的学者——李泽厚先生,特别强调了"礼"和古代的"巫"之间的关系。"巫"就是我们现在所说的巫师。"巫"字的写法是"工"字左右各坐一个"人",从这个字的造型上我们可以看出,如果"工"字上面那一横代表天,下面那一横代表地,中间那一竖表示沟通的话,那么"巫"就是沟通天地的那些人。这些人一方面了解天意,另一方面可以把天意传达给地上的人。所以,强调"礼"和"巫"之间的关系,我们就知道礼在中国古代生活中的重要地位。《左传》里有句话,叫"国之大事,在祀与戎","戎"就是打仗,"祀"就是祭祀。祭祀活动的背后就是礼,这也可以表明仪式活动背后的礼,是古代的政治生活和社会生活的基础。

但是,与西方把人和天完全分离不一样,中国古代的礼有人文主义的特点。经过儒家修改后的礼,意义比较多样,除了是日常礼仪典

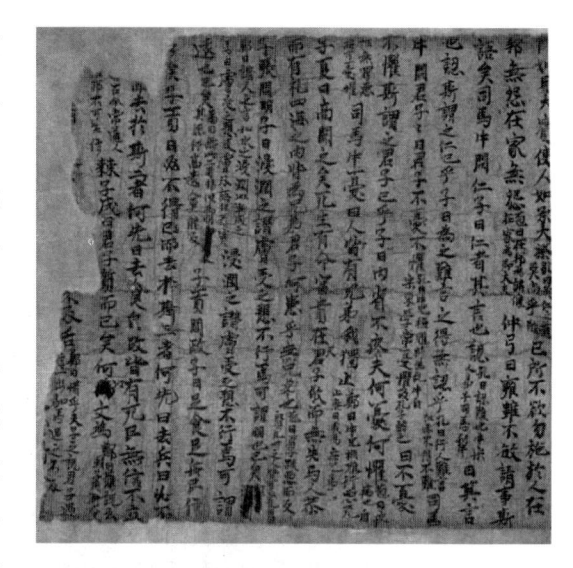

章制度，还加入了观念性的意义，所以我们也把儒家的文化称为礼乐文明，因为礼的仪式都会有乐配合。另一方面，礼强调"差等"，就是亲疏、尊卑、远近。而"乐"的作用就是化解礼的差等，也就是让人们心甘情愿地去接受礼的社会秩序。儒家以礼乐为重要内容的

莫高窟出土的《论语》

教化思想所继承的就是周公所确立的人文教化的思想，这也是后世中国治理秩序的一个基础。

那么，怎样让人们心甘情愿地去遵循那些礼节呢？孔子认为，光靠规矩、刑罚的强制，这样的秩序是靠不住的，背后必须有一种精神，就是"仁"。

"仁"在《论语》里的意思是相当复杂的。在我看来，"仁"最简单的解释就是内外合一，就是"诚"，"仁"如果不具有内外合一的特点，就变成了一种虚情假意，变成了一种虚伪的做作。孔子说："人而不仁，如礼何？人而不仁，如乐何？"

我们都知道《论语》这本书很薄，但是在这本书里，"仁"字出现了100多次，可见"仁"在人的品性中的重要。孔子也通过"仁"来强调君子与小人的区别，他将"仁"看作对人的造就。

"忠"是刚健有为,"恕"是厚德载物

2018年夏天,北京大学主办了世界哲学大会,大会的主题是"学以成人"。这个主题其实就是儒家仁爱精神的一种表现。所谓"学以成人",体现的是人的主动性,就是我们每个人要成为一个怎样的人,主要取决于自己的选择。《论语》里说"为仁由己""我欲仁,斯仁至矣",人就是要通过自我克制和自我完善来成为一个真正意义上的人。

儒家也用两个字来表达这种成人的过程,即"忠恕",这种完善可概括为"忠恕之道"。"忠"就是一个人由自己的行为推展到社会行为,在《论语》中表达为"己欲立而立人,己欲达而达人",儒家认为这是一种为仁之道。这种态度很积极,就是一定要把好的东西推广出去,把好的目标变成社会目标。当然,也有人认为这样的态度过于积极,会给人造成一种压力。但是,从儒家的角度来讲,这是对自己的一个要求。与"忠"相关的一个更为重要的概念就是"恕"。我们从厚德载物的精神去理解,如果以《周易》为参照,"忠"是刚健有为,"恕"则是厚德载物。

《论语》里记录了这样一个问题,子贡问:"有一言而可以终身行之者乎?"孔子回答:"其恕乎!己所不欲,勿施于人。""己所不欲,勿施于人"就是自己不想做的事情,不要强加给别人。20世纪90年代,联合国教科文组织发起了一个"全球伦理计划",他们试图从世界上主要的文明里找到一些能被全人类接受的共同价值。有意思的是,儒家的"己所不欲,勿施于人"被列为道德金句。他们认为"己所不欲,勿施于人"这样一种宽容、宽厚的态度,是构建全人类共同的精神价值的基础。孔子的思想十分丰富复杂,我们可以通过对孟子、荀子等人的讨论,进一步加以展开。

孟荀：大丈夫与性本恶

文：干春松

孔子去世以后，发生了许多感人的事情，比如他的很多弟子都在他的墓地周围住了三年，这也符合古代三年之丧的习惯，他最忠诚的弟子子贡更是住了六年。

还有一种说法，说现在的曲阜城之所以存在，就是因为孔子去世以后，他的弟子在他的墓地周围结庐而居，慢慢发展起来的。所以，这的确是一件很感人的事情，同时也表明孔子具有伟大的吸引力。

但是，按照司马迁的《史记》的说法，有两个人是传承孔子思想的重要人物，一个是孟子，一个是荀子。

孟子与性善论

孟子画像

孟子我们都很熟悉,主要是因为孟母三迁、孟母断织等故事,这也构成了中国古代伟大的母爱文化的一部分。关于孟子受业于何人,颇有争议,有人说孟子是跟孔子的孙子子思学习,有人说他是跟子思的弟子学习,不管怎么说,我们都认为子思和孟子构成了儒家传承的一个重要脉络。孟子也曾效仿孔子,带门徒周游各国,但是很显然,孟子也跟孔子一样,没有被各国接受。这样的结果可能孟子自己也料到了,因为他不会根据统治者暂时的需要改变他的观点。

在战国时期,许多国家生存下来都很困难,但孟子所主张的是以仁义治国,这显然是一种远水,根本解不了当时统治者的近渴。我们在这里举一个孟子和梁惠王对话的例子,来说明这种情况。梁惠王问孟子说:老头,你那么大老远跑来,对我的国家有什么好处呢?孟子回答说:大王治理国家,为什么要讨论利益呢?只要讲仁义就行了。如果大王您说怎样才有利于我的国家,大夫说怎样才有利于我的封邑,一般的老百姓说怎样才有利于我自身的发展,上上下下都着眼于争夺利益,那么您这个国家就会有危险了。

为什么呢?在拥有万辆兵车的国家,杀掉国君的肯定是拥有千辆兵车的大夫;在拥有千辆兵车的国家,杀掉国君的肯定是拥有百辆兵车的大夫。也就是说,每个人都想要拥有更大的利益,所以会有各种各样的叛乱者，他们时刻准备夺取更大的利益。孟子进一步说，没有讲仁的人会遗弃自己的父母，没有行义的人会不顾自己的君主，大王您只讲仁义就行了，这样您的国家就会安定下来。

很显然，孟子的话没有打动梁惠王。为什么打动不了呢？如果我们熟悉历史，就会知道，梁惠王在见孟子的时候，正遭遇人生中最大的挫折，他急需一个现实可行的办法来解决他当时的困难。其实梁惠王也辉煌过，他在位中期重用庞涓，使魏国的军事实力大增，但是庞涓陷害他的同学孙膑，导致孙膑逃到齐国。

在马陵之战中，孙膑反过来攻打魏国，导致魏国的军事实力彻底衰落，以至于梁惠王感叹，"东败于齐……西丧地于秦七百里；南辱于楚"。也就是说，他被齐国、秦国、楚国这样一些强国围追堵截。在这样的时候，你让梁惠王不考虑现实的需要，而关切长治久安的仁义之治，他当然听不进去了。但是，思想的价值并不在于思想与现实的契合度，而在于超越时代的意义，孟子的思想很显然并不契合梁惠王、滕文公这样一些人的现实需要，但他所提出的思想确实是有超越时代的意义的。

这就像许多画家，他们的作品在他们活着的时候不被人接受，他们死后，这些作品才显示出其价值。孟子的思想其实也是这样，一直到唐宋以后才达到它影响的高点。孟子对后世儒家最大的影响是什么呢？主要是他关于人性的观点。孔子其实不太喜欢讨论人性问题，子贡说"夫子之言性与天道，不可得而闻也"。也就是说，我们很难听到孔子谈论人性和天道的问题，只了解他说过一句话，叫"性相近也，习相远也"。孟子强化了性善作为人之为人的基本点，这样就把人和其他物种做了一个完全的区分。

孟子认为人性本善，这并非后天学习的结果。为什么人性本善呢？因为每个人都有良知，良知这个概念大家都很熟悉，明代思想家王阳明的核心思想就是致良知，所以如果现在很多人的偶像是王阳明，王阳明的偶像就是孟子。孟子说每个人生下来就有向善的动机，他提出"四端"的说法，就是恻隐、羞恶、辞让、是非。他说每个人都有"不忍人之心"，也就是说看到别人的痛苦，就会在内心产生反应。他举了一个例子，他说如果我们看到有个小孩要掉到井里了，我们马上就会产生恻隐之心，马上就会去想怎么救他，而不会去考虑为什么要救他。孟子认为这就是人的良知。

孟子对儒家的人格思想有很大的发展，他的许多观点，现在都被用来描述中国人的理想人格，比如我们非常熟悉的"舍生取义""富贵不能淫，贫贱不能移，威武不能屈"等。

爱辩的孟子

孟子特别喜欢跟人辩论，但孟子自己说他不是一个好辩之人。他为什么要"辩"呢？他认为主要是因为有很多观点会影响到人们对儒家思想的了解，特别是那些听上去与儒家的观点很接近的观点，比如墨子这样的观点，所以他说墨子和杨朱是最应该被批评的。

孟子的思想中也有特别激烈的地方，因为在古代的礼仪系统里，一个臣子去反对一个君王，是一个特别重大的道德问题。但是孟子认为，如果君王的行为不太符合一个君王的要求，那么对他的推翻就不能算是一种犯上作乱的行为。他的这种观点在儒家的思想里很重要，但是很多统治者都不愿意看到这样的话。最有名的一件事情发生在明朝的朱元璋时期，朱元璋在读《孟子》的时候，读到这么一句话:"君之视臣如土芥,则臣视君如寇仇。"朱元璋说这话与君君臣臣之义不一致,所以他命人把这样的一些话删掉,因此在明代的很长一段时间里,人们所能看到《孟子》的版本叫《孟子节文》,也就是一个删节本,而不是全本,里面那些强调反抗、强调起义、强调革命的内容都被删掉了。所以,即使是在被视为亚圣的时候,孟子的很多言论也是统治者接受不了的。

孟子的核心思想就是仁政,他认为以权力、武力作为秩序的基础是靠不住的,要以德服人,不能以力假仁。所

朱元璋像

以他说,统治者如果失去了民心,就不配做统治者。他的观点也叫作"民贵君轻",他认为统治者如果残暴,老百姓就应该起来反抗。孟子强调人性善,这与他对秩序的理解有关,他认为之所以要行仁政,就是因为人有不忍人之心,如果人性恶,那当然不会行仁政。这也是他多次与告子讨论的内容。

不管怎么样,孟子的思想在唐、宋、明都受到了极高的推崇,所以我们也称儒家的思想为"孔孟之道"。

荀子:不像儒家的儒家

跟孟子相比,另外一个被司马迁认为是传播儒家思想的重要人物

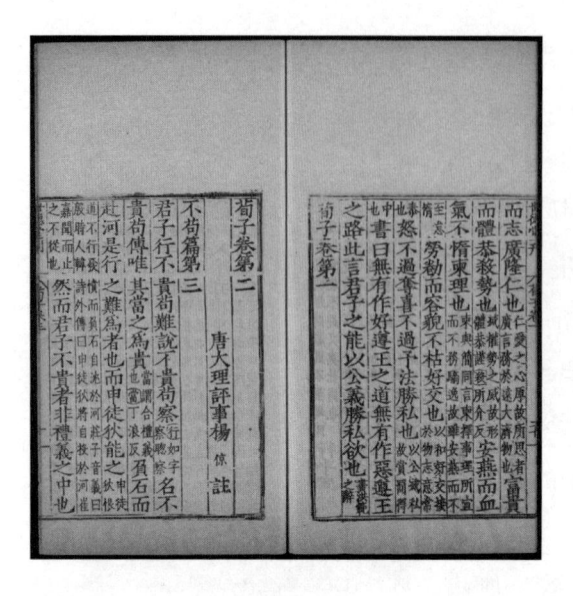

世德堂本《荀子》书影

荀子，他的地位就有点尴尬。在宋、明以后，很多人认为荀子不太像儒家，主要是因为荀子提出了隆礼重法的思想。提到孟子，我们想到的是礼义；在荀子那里，我们听到的可能是礼法。当然，荀子身上还有一个最大的"污点"，就是他教过两个很有名的弟子：一个是韩非子，一个是李斯。这两个人都跟荀子学过帝王术，但是我们也知道，这两个人是法家的重要代表人物，一个儒家的重要代表人物教出的学生是法家，这就有点说不过去了。

荀子是一个特别强调现实性的人，他认为一种思想要在社会中发生作用，最重要的是它的效率，如果对社会无用，或者按照现在的说法，如果不接地气，那么这种思想也就没有价值了。荀子去秦国考察过，我们都知道，秦国从商鞅开始，一直是以法家思想治国的，荀子考察完秦国后，有人问他说，你去秦国看到了什么？荀子的回答特别有意思，他说秦国除了地形险固以外，风俗也非常特别。

他说："入境，观其风俗，其百姓朴，其声乐不流污，其服不挑。"什么意思呢？就是说秦国民风淳朴，音乐很严谨，不是那些淫词艳曲，老百姓的服装也不轻佻。然后他说："其百吏肃然，莫不恭俭敦敬忠信而不楛，古之吏也。"什么意思呢？就是说秦国的官员都很有纪律，也很节俭、很忠心，看着就像古代的官吏。又说他们的士大夫，"出于其门，入于公门，出于公门，归于其家，无有私事也"。按照现在的说法，就是说那些高级干部出了自己家的门就进政府的门，出了政府的门就回到自己家，没有私事，一心扑在公事上。他们也不拉帮结派，像是古代士大夫的做派。朝廷的效率也相当高，因此秦国的强盛是可以理解的。当然，荀子也说到秦国仍有所忧惧。为什么呢？他说大概是因为他们没有儒者吧。这个回答我觉得有点牵强，因为荀子看到当地的民风，当地的官员、士大夫甚至朝廷的风气，都是古代的样子，一个没有儒家的国家，它的风气却很接近儒家提倡的古风，这不是一个很值得考虑的问题吗？

所以，从荀子所教的两个弟子韩非子和李斯以及他对秦国有限的肯定来看，他最着急的问题就是儒家与现实的关联度，因为他认为儒家如果不能解决当下的问题，而只是在考虑万世以后的问题，就会被完全边缘化。

隆礼重法

所以，与孟子的道德理想主义相比，荀子确实比较贴近实际操作层面，一方面要强调礼仪的作用，另一方面也要强调法制。荀子的思想里有很多有趣的地方，因为他是一个很实在的人，一个考虑实际可能性的人，所以他的很多分析都特别有道理。比如，他讨论礼的产生，礼是怎么产生的？可能是圣人制定的。那么，圣人为什么要制定礼呢？他说是因为人性中有一些自私的东西，有了自私的东西，就会产生争夺，产生争夺就会乱，乱了以后，社会就会衰落，圣人看不下去，就要制定礼义以分之，就是让每个人有自己合适的地位和合适的社会财富。

这样的一种讨论，相当接近我们现在所看到的人类学的讨论方法。荀子认为，所有儒家制度的设计都应该从现实的需要出发，所以，事实上他从某种程度上改变了儒家讨论问题的方式。荀子不相信人性是善的，他是从人性恶的角度来推导出礼乐政治的必要性，他说人性善的地方，是人后天学习的结果。我们最熟悉的就是荀子的《劝学》，他告诉我们，人就是要通过一步一步的学习，才能改变自己好私的天性。

孟子和荀子其实是从两个方向发展了孔子的思想，如果说孟子高举的是儒家理想主义的旗帜，那么荀子所强调的就是儒家和现实的关联度，是解决社会问题的可能性。在汉代到唐之前，荀子的思想从某种意义上讲可能要比孟子的思想更有影响力。但是，因为荀子的思想和法家的思想之间这些纠缠不清的关系，所以在宋、明重新高扬儒家理想主义的时候，荀子就越来越被排斥在儒家的阵容之外。

我们可以看到，在诸子百家相互争鸣的时候，各种思想之间是经常会相互影响、相互吸收的，所以某个学派有别的学派的影子，是很正常的。

被忽略的墨家

文：干春松

　　说起墨家，大家可能有点陌生，因为这个学派在先秦时期结束以后其实就已经消失了。有一部电影叫《墨攻》，电影中的故事当然是编的，但是这部电影的确反映了墨家的一种侠义精神。在先秦的时候，墨家一度是可以与儒家相抗衡的思想流派，它和儒家一起被称为显学。与其他学派相对松散的构成不同，墨家是一个有严密纪律的团体。有一本书叫《淮南子》，书中说："墨子服役者百八十人，皆可使赴火蹈刃，死不还踵。"

巨子、侠客与墨家

墨家团体的首领称为"巨子",这样看起来墨家就像一个很严密的组织。在后世的研究中,墨家一直与侠客联系在一起,我们从金庸的小说中也可以看到这一点,有一个门派叫青城派,就特别具有墨家的精神。侠客这个群体最早产生于东周列国时期,在社会有巨大动荡的时期,往往会出现很多侠客。如果说文士的主要职能是游说,那么武士的主要职能就是去参加抗争,尤其是暗杀,侠客由此产生。他们尚武、崇义、信义,择主而行,为报知遇之恩,慷慨赴义。代表人物如专诸、聂政、荆轲

专诸刺吴王僚所用的鱼肠剑

等,我们都很熟悉。当时侠客的地位很高,作用也很大,正所谓"得士者存,失士者亡",所以司马迁在《史记》里专门为这类人列了传。当然,侠客的存在在一定程度上也是对正常秩序的破坏。

所以,韩非子反对的两类人主要是文士和侠客,而墨家的精神特别像侠客的精神。墨家信仰兼爱非攻,发扬了伸张正义、扶危解困、反对强权的侠义精神,所以它也是先秦时期特别具有社会影响力的学派。墨家不光提出了那些主张,而且实际参与到政治和军事生活里。有一篇叫《公输》的文章,就记录了墨子阻止一场战争的故事。这个故事是这样的,公输班为楚国建造了云梯,云梯就是用来攻城的梯子。楚国的目的是要攻打宋国。墨子听说以后,就从齐国起身,走了十天十夜来到楚国的国都,会见了公输班。我们可以看到,墨子走了十天十夜,为了阻止一场与自己毫无关系的战争,他花了那么多工

夫。公输班对墨子说,先生对我有什么吩咐呢?墨子说,北方有一个侮辱我的人,我希望借助你杀了他。公输班听了很不高兴。墨子说,我愿意给你酬金。公输班说,我奉义而为,绝不杀人。墨子就站起来说,我在北方听说你造云梯,要用它来攻打宋国,你不肯杀一个侮辱我的人,却要帮楚国杀宋国的很多人,这难道是仁义之举吗?

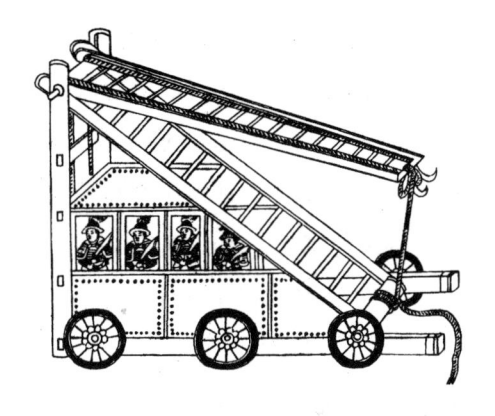

云梯(《武经总要·前集》卷十)

这个故事后续的发展很有趣,墨子不仅想好了破解公输班的攻城器械的办法,还组织好了防御的军队。可见墨家不是一个纯粹的学术流派,而是一个具有行动力的学派。

墨家和儒家之间有亲缘关系,墨家反对儒家在礼仪活动中的烦琐和奢靡,才转而自立学派。儒家主张守三年之丧,三年是一段很长的时间,即使是孔子的弟子,比如宰予,也对如此长的守丧期表示出怀疑。在墨子看来,如果礼那么烦琐,也不是美好政治的做法。

儒墨之争

说孔子和墨子有共同的老师,这话也不是空穴来风。《韩非子》里有这么一个说法:"孔子、墨子俱道尧、舜,而取舍不同,皆自谓真尧、舜;尧、舜不复生,将谁使定儒、墨之诚乎?"这话当然是韩非子一贯的策略，就是攻击儒家和墨家。但是，他说出了一个道理，就是孔子和墨子都把自己理想政治的目标上溯到尧舜时代。墨家甚至认为儒家的复古其实是假复古，根本不够彻底。因为孔子说"吾从周"，他所追怀的是周代的礼乐制度。墨子说，要追怀，应该追怀更古老的理想制度，所以他认为孔子是假复古。

墨子的书里提出的主张几乎都是针对儒家的，孔子强调发扬礼乐文明，墨子提倡非乐，他认为过多的繁文缛节是对社会资源的一种浪费。孔子说要知命，墨子则提倡非命。孔子说要敬鬼神而远之，墨子说要明鬼。什么叫明鬼呢？就是强调鬼神的存在。为什么要强调鬼神的存在呢？墨子说主要是为了让活在世界上的人知道畏惧。这都体现出他们之间的论敌的关系。

墨家有10条核心教义，即"尚贤""尚同""兼爱""非攻""节用""节葬""天志""明鬼""非乐""非命"。墨子要求弟子到不同的国家，要根据当地的情况尽力宣传这10条教义，有点类似现在的传教。10条教义里，最核心的是兼爱的思想。我们都知道，儒家强调爱有差等的原则，也就是说爱人要从与自己血缘关系亲近的人推展到整个社会，这是一个亲亲尊尊的逻辑。墨家坚决反对，墨家说如果只是爱那些与自己关系近的人，就是自私，是对公共利益的漠视。所以，墨家提倡兼爱。怎样才叫兼爱呢？就是"视人之国若视其国，视人之家若视其家，视人之身若视其身"。

我们前面讲过，儒家是理想主义者，显然墨家是更彻底的理想主义者。墨家甚至认为，如果是为了公共的目标，那么自己的国家、自己的家、自己的身体都不值得珍惜。只有这样，人们才能真正互相帮助，才能"交相利"。这样我们就能理解，一个与自己毫不相干的国家要去攻打另外一个国家，墨子要走十天十夜去阻止，这就是他主张的兼爱、交相利原则的体现。在兼爱的原则下，墨家主张非攻，非攻就是反对战争，反对诸侯之间攻城略地的战争。

墨子还提出了另外两个主张，一个是尚贤，就是要让贤能之士去承担社会责任。当然，事实上儒家也是强调尚贤的，但儒家强调亲亲尊尊贤贤。墨家认为，如果亲亲尊尊，就很难真正地尚贤。另一个主张是尚同，就是要让天下人有共同的理想，做共同的梦。墨家作为苦行派，反对儒家在礼的原则下的奢侈行为，说儒家"繁饰礼乐以淫人"，十分反对厚葬，尤其反对三年之丧。

墨家认为社会治理的基本原则是富之、众之、治之。什么意思呢？就是先让这个社会富裕起来，再让这个社会的成员能够分享富裕的财富，然后这个国家才能达到长治久安。墨家说厚葬的行为会让人把辛辛苦苦积累起来的财富都消耗掉，如果人在三年之丧期间过如此节制的生活，就会失去精力，这样也就很难有生产力，这种生产包括物质财富的生产和人类自身的生产。

墨家另一个与儒家尖锐对立的地方，就是对命运和天意的看法。儒家是十分强调命运的，然后在命运的基础上进行抗争。墨家则认为如果人完全相信命运的存在，就会失去奋斗的动力，因为他知道自己的未来会是什么样。

前面我们说到了对待鬼神的态度，墨家认为如果相信鬼神的存在，就能够赏善罚恶。这样人就不会做坏事，人在做坏事的时候、作恶的时候，就要考虑来世，就要考虑天意对他的惩罚。墨家说儒家一方面不相信鬼神，一方面又要祭祀自己的祖先，既然不相信鬼神，还祭祀鬼、祭祀祖先干吗呢？

判断正当性的标准

墨家认为儒家的很多事情都是想不通的,墨家提出的对正直、善恶的评价标准也和儒家不一样。儒家认为民心、民意是评价正直合法性的最主要的标准,墨家就要现实得多,说先要看看古代的圣王做没做过这些事,再看看老百姓是不是欢迎,然后再看老百姓是不是得到了利益。所以,墨家认为判断一种政治学说或行动是否正当,有三个标准。

第一个标准就是历史经验,圣王干没干过这件事?第二个标准就是现实的根据,是不是符合老百姓的需要?第三个标准就是实际的效果,它对老百姓的生活是否能产生实际的效益?这样一些思想,都是特别受劳动人民欢迎的。

我的同事,现在的北大副校长王博老师对墨家有一个总结。他用一年四季中的夏天来比喻墨子,他认为如此看来,墨子真是一个有火热内心的人。他说墨子是一个非常讲究逻辑的人,他的逻辑是:爱人者,人亦从而爱之;利人者,人亦从而利之;恶人者,人亦从而恶之;害人者,人亦从而害之。他说兼爱的结果就是彼此获得利益,所谓"兼相爱,交相利"。如果做恶事,你就要考虑到可能产生的后果。

王博说,但是现实的生活

墨子像

不等于逻辑，我们对他人的爱未必能换来他人同样的爱，很多人把墨子看作功利主义者，其实他更像生活在逻辑世界里的理想主义者，甚至是一个空想主义者。一个人固然可以做到视人如己，但如何要求别人也遵循这个原则呢？他说儒家在传统中国的成功很大程度上是奠基在最真实的人性基础上，尤其是对血缘亲情特殊性的强调。墨子看起来是要摧毁血缘的纽带，其政治哲学中尚贤的主张就是针对这个原则的。我们都知道，后来费孝通先生就是发展了这个理论，他说人和人之间的关系在儒家看来像波纹，就是你扔一块石头到水里，会产生波纹，中心的波纹比较大，然后逐渐消失。波纹比较大，就说明你跟这个人的感情纽带比较强。

儒家对中国人思想的影响之所以那么大，正如王博所说，是因为它比较贴近中国人建立在血缘情感上的那些情绪，而墨家正是要在否定血缘情感这个前提下提倡其思想。

墨家学派消失，有人说是因为墨家过于有组织性，所以导致很多政治团体都害怕，很多国君都害怕墨家成为他们统治国家的障碍。也有人认为墨家学派消失，是因为他们过于具有侠义精神，是因为他们慷慨赴死的态度。他们经常是这样，如果巨子自杀了，团体里的其他人也会跟着自杀。墨子死了以后，按照韩非子的说法，墨家分成了三派，这三派都自称得到了墨子的真传，而称别的学派为别墨，就是非墨家的派别。

对墨家的评价

战国中后期可能是墨家最强盛的时期。我们现在看到《墨子》里的篇章大多数分上、中、下篇，就是因为不同的派别记录墨子的话略有出入，我们现在编的书把这三派的记录都编进去了。我们也发现墨子大多数时候都在跟儒家的主张进行辩论。所以，墨家将辩看得非常重，认为辩就是要明是非、审治乱、明同异、察名实。墨家建立起以名举实这样一套辩学体系，这也被我们视为中国古代逻辑学的重要起源。因为墨家学派过于有组织性，过于不近人情，所以其他学派在评论墨家的时候，一方面肯定它的精神，另一方面也认为它难以为继。

墨家的消失其实也和追随者越来越少有关，班固的《答宾戏》里说"孔席不暖，墨突不黔"，什么意思呢？就是墨家学派的人太忙了，经常是住的房子里的烟囱还没被熏黑，就走了，或者甚至死了。这种日夜不休、以自苦为极的做法的确是一般人做不到的。但是，墨家也有翻身的时候。到了晚清，人们对墨家的评价就越来越高了。梁启超评价说墨子是劳动人民的大圣人，又说"墨子是个小基督，从别方面说，墨子又是个大马克思"，强调的就是墨子舍己为人的态度。在普遍批儒的环境下，墨子强调的兼爱也被视为真正的爱，因为儒家的仁爱过于奠基于血缘中，所以人们认为这种爱是自私的。我们可以看看孙中山说的那句话，他说古时候最讲爱字的莫过于墨子，墨子所讲的兼爱与耶稣所讲的博爱是一样的。我们都知道孙中山特别强调博爱，他的博爱思想如果从他基督徒的身份来讲，是来自耶稣的话，那么从中国文化的源头来追寻，可能就是来自墨子。

新文化运动的一个代表人物胡适也特别喜欢墨子，因为他从墨子身上看到了科学的精神。他的博士论文是写先秦名学史的，里面有很多内容涉及后期墨家的辩论的思想。蔡元培先生也肯定了墨子，他说"先秦唯子墨子颇治科学"。延安时期，毛泽东就比较喜欢听别人讲墨子，他对郭沫若等人肯定孔子的那些作品不太同意，他曾这样评价墨子，他说墨子是个劳动者，他不做官，但他是比孔子高明的圣人。

所以，近代以来的很长一段时间，人们在批评孔子的时候，开始肯定墨子兼爱的思想和他对非攻的坚持，尤其是把他塑造成一个劳动人民的代言人。这也是一件很有意思的事情，因为思想家的思想总是免不了被别人评论，这种评论有时候因为不同的时期、不同的思想倾向，会产生奇特的变化。墨子就是这样一个人，墨家学派因为其侠义精神，也是特别令人向往的。

五千言中见大千

文：干春松

隐士与道家学派

隐士，顾名思义就是躲在山里的那些人，他们与世无争。对这样一个群体，很多学派都予以肯定，比如孔子说"天下有道则见，无道则隐"，如果你碰不到一个好的社会秩序，你就不要出来做官。在古代，有很多有名的隐士，比如我们熟悉的伯夷、叔齐，在伯夷和叔齐之前还有许由和巢父。这样一些人明明有机会当国君、当皇帝，但是他们都放弃了。

之所以放弃，有些人是因为自己的原则，就是当皇帝不符合他的原则，有些人完全是因为生活态度。把这种生活态度上升到哲学层面，就是道家学派。道家学派和儒家这种有严格的师承关系的学派完全不一样，我们所知道的道家学派的代表人物老子和庄子，其实没有师承关系，只是一种精神相通的关系。既然他们是隐士，我们当然很难知道他们真正的生平。比较有趣的是，现在很多地方都在争老子的故里，这对老子可能是一个讽刺，因为他自己并不愿意告诉别人他是哪里人。

我们可以看到，司马迁在给老子作的传记里写了两个故事，这两个故事都引发了后世的很多争论。第一个故事是孔子问礼于老子，这个故事引发的争论就是孔子到底有没有问礼于老子，他们之间到底有没有那么直接的交往。第二个故事就是关于老子的《道德经》这本书是怎么写成的。这个故事很有趣，说老子准备去修行，要过关的时候，有个关尹知道老子要退隐，以后将不复见这个人，所以希望老子把他人生的故事或者说对世界的体会写下来，老子不得已写下了五千言。《道德经》这本书现在据说是世界上流传最广的中文著作。

明人彩绘《孔子圣迹图》册页之《问礼老聃图》

早期的道教把老子作为一个很重要的创始人，但是随着道教的壮大，老子的地位越来越低。老子又名李耳，俗姓李，后来很多道教故事里说他是在李子树下出生的。那么，他为什么叫老子呢？传说是因为他在他母亲的肚子里待了80多年才出生，所以叫老子。

老子与孔子，谁才是中国哲学的鼻祖？

老子姓李，后来唐朝的皇帝也姓李，所以唐朝的时候特别推崇道教，道教也在唐朝得到了很大的发展。老子的思想和道教的思想其实是两种内容。我们知道，胡适认为老子是中国哲学的鼻祖，而冯友兰则认为孔子是中国古代哲学的鼻祖。如果从孔子问礼于老子这样一个故事来看，他们谁是鼻祖，还真不是一件很简单的事情。在胡适眼里，如果把孔子视为中国哲学的鼻祖，那就是儒家的道统观念在作怪；在冯友兰先生看来，我们现在所读到的《道德经》在很大程度上是对孔子或儒家思想的一种负面回应。

在礼崩乐坏的环境里，老子和孔子对现状的不满是共同的，他们其实都不太喜欢他们所处的时代，但他们对原因的分析是不一样的。在老子看来，儒家所要维护的那个礼乐秩序，其实就是造成人性堕落、人虚假的一个重要原因。因为在他看来，儒家对仁义的强调，就是对人的自然状态的一种背离。所以在他的书里，他说只有大道废的时期，仁义才会被强调；如果一个人有智慧，这个人就可能会变虚伪；只有在道德沦丧的时候，才会强调孝慈。这都是对儒家观点的质疑。在老子看来，最重要的一个目标就是恢复自然的状态，这个自然的含义跟我们现在所讲的热爱大自然的自然不太一样。

道法自然

老子所说的自然，就是按照人本来所具有的样子生活。当然问题也就在这里，什么是人本来应该具有的样子呢？在老子看来，这种自然的状态就是小国寡民的状态。他说如果你生活在一个有组织、有秩序的社会里，你当然会背离自己的自然状态。因为你必须去遵循某些规则，你要遵循某些规则，就会违背自己的意愿，就要生活在各种各样的约束、制约里。要实现自由的生活，就要"绝圣弃智"，把那些圣人都抛弃；"绝仁弃义"，不要再提倡仁义；"绝巧弃利"，不要去设计各种各样巧诈的事情。这种自然化的状态才是老子特别向往的。

在老子看来，恢复自然的状态叫作"为道"，而儒家的观念被他描述成"为学"。如果"为学"，那么你虽然知识越来越多，但是离自然越来越远；如果"为道"，你知识越来越少，那么你就会回归婴儿的状态。所以他说"人法地，地法天，天法道，道法自然"，这才是人类应该向往的生活。在这样的生活里，生命就会变得特别重要，因为在那种自然的状态下，人们就会考虑自己的自然生命的延续。我们前面讲到了侠客，侠客是轻生死的，一个人如果过于注重自己的自然生命，就不可能当侠客。所以，老子的书里有很多养生知识，这些养生知识后来都被视为气功的源头，比如"专气致柔""不自生，故能长生"。

老子特别强调水德，就是人应该像水一样。他说"上善若水，水善利万物而不争"，就是水正是因为不跟人争，所以能成其大。但是，老子的想法听上去又不像完全要回归自然的样子，因为他总是在告诉人们柔弱胜刚强，背后还有一个"胜"字，所以很多人说老子其实是一个阴谋家。他总是装作很柔的样子，其实是为了战胜别人。如果儒家是从刚健的角度来讲，他只不过是换了一种方式。所以，他会强调无为而无不为，人要韬光养晦，要以退为进。这都像是策略家的作为。司马迁的眼睛很亮，他老早就觉得老子有成为阴谋家的潜力，所以他在写传的时候，就把老子和韩非子放在一起了。

活在材与不材之间

说到道家，一般都会老庄并称，老庄就是老子和庄子。司马迁在《史记》里也提到了庄子，他说庄子是蒙人，名周，曾经做过漆园吏，漆园吏可能就是制造油漆的园子的官吏，与梁惠王、齐宣王同时，其学无所不窥，就是很有学问，"然其要本归于老子之言"。

司马迁还说，庄子的书的重要特点就是写故事，或者说主要是通过寓言来阐发他的观点。庄子自己也说他写文章是用寓言、重言和卮言，他要通过比喻，通过编造一些特别有趣的故事来阐发他的观点。在我看来，庄子比较喜欢用这样一种语言表达方式，其实他是试图从语言方式这个角度来解构儒家经典，因为一般人读书都要读经典，经典都是高头讲章，所以庄子就采用这种"阴阳怪气"的方式来表达自己的观点。

庄子首先要说的是人存在的困境。我们都知道，儒家强调在世界上成就功业，那些侠客也希望用自己的生命来换取后世对他们的赞扬。在庄子看来，这都不是人存在的最好方式。他在《山木》篇里讲过一个故事，说他有一次在山中行走，看见一棵大树，这棵大树枝叶茂盛，但是每个伐木的人走过这里，都不想砍它。庄子问伐木者为什么不砍这棵树,伐木者回答说没什么用。庄子说,这棵树因为没什么用,所以可以一直活着。

这个故事还没完,又说"夫子出于山","舍于故人之家",就是庄子走出山来,到老朋友家里做客,老朋友很高兴,命他的仆人"杀雁而烹之"。这个仆人就问,说有一只鹅能叫,有一只不能叫,杀哪只?主人说,杀那只不能叫的。第二天,弟子问庄子,说昨天遇到山中的大树,因为没什么用,所以没人砍它,而主人家的鹅因为不会叫,却被杀了。那么,我们在世界上生活,到底应该采取什么样的方式呢?到底什么样的方式才能让我们活得长呢?庄子的回答就是处于材与不材之间。

这就是庄子的一个很有名的生存策略。如果木秀于林,风必摧之,但是如果太没本事,也容易被人欺负,所以活在这个世界上的最好方式就是处于材与不材之间。这当然是很难拿捏的分寸。

怎样拿捏这样的分寸呢?庄子认为要从认识问题的角度找到突破口,他区分了两种方式:一种方式叫以物观物,一种方式叫以道观物。我们每个人看待这个世界,基本上都是采取以物观物的态度。比如我喜欢穿这样的衣服,因为这样的衣服穿在我身上可能会很时髦、很美,那我就会去买这样的衣服,这种美其实只是相对的。

以道观物,就是站在一个更高的高

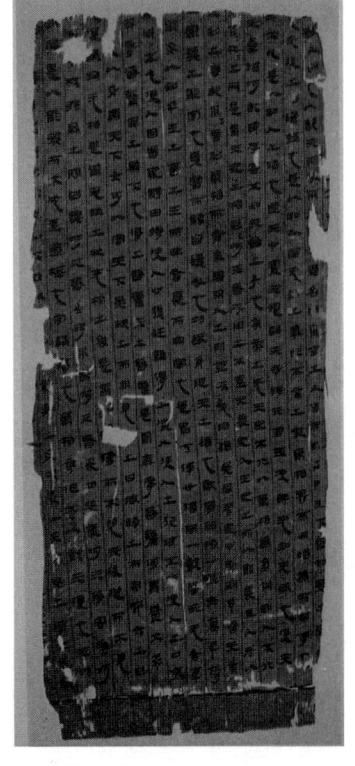

马王堆汉墓帛书《老子》

度，比如你站在山顶上，看这个世界上在山脚下来来往往的人，那么他们穿什么衣服，对你来说还有什么意义吗？在庄子看来，如果站在更高的高度，我们对某些事物的追求，对某些目标的执着，就都没有什么太大的意义了。庄子最重要的著作是《齐物论》和《逍遥游》，如果说我们读《道德经》，主要读到的是有和无，那么在庄子的著作里，更重要的可能就是"齐物"这个概念。

齐物的概念

"齐物"这个概念是要把有和无这样的区分相对化，这是庄子思想里最深刻的地方。庄子说每个人都是从自己的一种角度来看周围的世界，所以最好的办法就是让自己站在一个没有角度、没有立场的点上，这样你就会舍弃人世间的种种追求，变成一个真正的自由自在的人。在我看来，这甚至是比老子的思想更深刻的一种思想。庄子的《齐物论》的关键就是对任何确定性的否认，刚才我们说以物观物，其实就是强调一种事物的确定性，你只要有所确定，就会被束缚。所以，庄子说物无非彼，物无非是，任何事物都没有那么大的差别。在庄子看来，任何语言对对象来讲都是一种束缚，而不是一种开放。因为任何语言所表达的对象都是有限制的，而对象是始终处于变化过程中的。

相爱相杀的庄子与孔子

我们刚才讲了庄子的一些核心观点，他是通过寓言的方式来讲道理的。道家和儒家，有时候看起来像是一种相爱相杀的关系。

庄子的书里说得最多的不是老子，是孔子和孔子的弟子，只不过在庄子的书里，孔子已经被寓言化，所以我们会发现孔子成了一个经常自我反省的人，因为他在被老子或其他隐士教导以后，总会认为自己的想法错了。我们在这里给大家讲一个孔子劝说盗跖的故事，这个故事也典型地体现了孔子在庄子的书里的形象。这个故事是这样的：孔子有个朋友叫柳下季，柳下季有个弟弟叫盗跖，盗跖是当时传说中有名的大盗，有9000名部属，横行天下，打家劫舍，从来不考虑父母兄弟，也不祭祀祖先。这样的人当然是儒家最鄙弃的，所以孔子对他的朋友柳下季说，当父亲的一定要教导他的儿子，当哥哥的也应该劝说自己的弟弟，这就是所谓的孝悌。他说如果父亲不能教导孩子，哥哥不能劝说弟弟，那么谁还看重父子兄弟之情呢？柳下季回答说，您说做父亲、做兄长的一定要教育自己的儿子、弟弟，但是如果儿子、弟弟不听，该怎么办呢？柳下季不愿意去劝他弟弟，所以孔子只好亲自去劝。孔子下车走上前对接待的人说，我是鲁国人孔丘，听说将军义行过人，特地前来拜见。接待的人向盗跖通报说鲁国的孔子要见他，盗跖一听就很生气，他说不就是鲁国那个狡诈虚伪的孔丘吗，替我告诉他，如果他再随便乱说话，再随便标榜文王、武王，戴着帽子到处乱晃，我就把他杀了，把他的肝当下酒菜。

所以，在庄子的书里，孔子经常是这样一个形象，就是他一直要做自己的事，但是经常被人骂得狗血喷头，然后灰溜溜地走了。

庄子的书里还有很多以梦为主题的故事，比如庄周梦蝶。庄说人要超越自己，首先要了解事物和事物之间是有区别的。庄子的相对主义并不是要完全否定事物和事物之间的区别，而是要找到一种认识事物的方法，这种方法就是认识到这种区别，然后超越它，蝴蝶和庄子的故事就是这样。所以，庄子对理想的人的描述，就不再是圣人了，而是智人、神人、真人。在后来的道家系统里，庄子也被称为南华真人。

梦蝶，出自明代陆治《幽居乐事图》册，北京故宫博物院藏

法家：权术之道

文：干春松

熟悉中国古代政治的人都知道有一句话叫作"阳儒阴法"，指的就是中国古代的政治表面上都是儒家的道理，但实际上操作的都是法家的方案。因为在具体的政治操作中，对先秦时期的那些当政者而言，法家的方案可能是最具有吸引力的，因为它简捷有效。

人性的弱点：恐惧与好利

而法家的方案之所以那么有效，是因为它掌握了人类的两个根本的弱点——恐惧和好利。在这方面，法家的人物表现出足够的大胆和坦诚，他们明白地告诉那些君王，要治理好国家，就要利用人性的弱点。因为人们存有对权力的恐惧，所以要让他们听话，最好的办法就是采取严刑峻法，一旦犯错，就施以最严厉的惩罚，这样他们就不敢犯错了。

从利益的角度来讲，因为好利，人们会去追寻那些对自己有利的事情。法家的人物在劝说君王的时候，经常抛出这样一些中心议题，比如如何才能建立强有力的统治，如何才能富国强兵，如何才能快速让国家强大

展示古代严刑峻法的《拷打髡刑图》（摹本），山东诸城汉墓画像石

起来，这些议题都十分符合当时急于在争霸的局势中取得成功的统治者的胃口。当时儒家和墨家是显学，追随者很多，儒墨都是以上古时代的尧舜盛世为政治目标。儒家所提出的根本主张，就是通过道德教化的力量，潜移默化地对人进行社会塑造，但这种固本的功夫，就如同文火熬汤，需要很长时间才能见效，在战国的乱世中，它虽然获得了人们的尊重，但没有几个诸侯肯拿自己的王国作为儒家理想的实验地。所以，孔孟虽然奔走于各国之间，但并未获得施展抱负的机会。

法家最早的代表人物商鞅，最初也试图拿儒家的理想去游说秦孝公，秦孝公认为商鞅的办法收效太慢，所以不准备采纳他的建议。善于观察形势的商鞅主动求变，由"儒"术改尊"法"术，从而赢得了统治者的信任。为了与当时的显学儒家和墨家相抗衡，法家首先要做

的事情就是从理论上强调儒家和墨家所塑造的复古体系是不切合当时的需要的。商鞅的说法是，古代的圣王们都是根据他们所面临的不同问题做出不同的决策，绝不是一成不变的。所以，在不同的时期，就应该用不同的方法。法家的另一位代表人物韩非子以其惯常的反讽的手法说，如果我们今天还像燧人氏那样钻木取火，像有巢氏那样在树上筑屋而居，岂不是让那些先贤笑掉大牙？所以，真正的圣人不应该抱着过去的经验不放，不应该抱着祖宗的成法不知道变通，而要根据现实而改变。

抱法处势

当然，法家也并非简单地否定儒家的思想，而是认为不同时期应采用不同的观念。法家的人物对当时的社会历史条件有一种自己的判断。韩非子说："上古竞于道德，中世逐于智谋，当今争于气力。"意思就是，在尧舜禹时代，人们的竞争主要是依靠道德；到了中世，人们的竞争就开始要运用计谋；在今天这个时代，就要看谁力气大，实力强。韩非子说，世上的人对仁义的赞美，在实践中不但无益，反而是有害的。为什么呢？因为仁义的政策会导致亲亲尊尊，所以会赏罚不明，使那些不该得到恩惠的人无功受禄，该受到惩罚的人得以逃脱。这样一来，便助长了人们贪便宜的心态，那些暴乱之徒就会更加有恃无恐，这样国家难保不灭亡。所以，韩非子认为，儒家所提倡的主张和国家利益之间存在着根本的冲突。

韩非子讲了一个故事，他说楚国有一个人叫直躬，他的父亲偷了别人的羊，他就到官府去揭发他父亲。令尹，就是官府的官员说：

"杀之（杀直躬）！"为什么要杀直躬呢？因为"直于君而曲于父，报而罪之"。也就是说，直躬把他偷羊的父亲送到官府去，虽然是出于对君主的忠诚，但是他背叛了他的父亲，所以应该杀掉他。从这件事中，韩非子得出的结论是什么呢？就是按照儒家的立场，如果一个人是君主的直臣，那么他就有可能是父亲的逆子，所以忠孝不可能两全。韩非子还讲了一个故事，他说鲁国有个人跟随国君去打仗，"三战三北"，打了三次仗都输了，"仲尼问其故"，孔子问他为什么输了。那个人说，我家有老父，"身死莫之养也"，如果我战死了，我父亲就没人养了。孔子认为他是个大孝子，"举而上之"，便向上推荐他。这个故事表明什么呢？一个人如果是父亲的孝子，那么他就有可能是君主的叛臣。

韩非子通过揭示儒家思想在公私层面的矛盾，强调了这样一个意思：一个统治者不应该听儒家的，因为一个人如果是孝子，就不会忠诚于君主；如果忠诚于君主，他就不可能是孝子。所以，儒家的思想是自我矛盾的。

正是因为认识不同，所以法家的政治策略和儒家有着根本的不同，儒家强调敦仁教化，而法家强调抱法处势，就是应该根据现实的要求做出不同的决策。在这样一个背景下，法家在不同时期逐渐形成了以法术势为核心的思想体系。这样一个思想体系是通过不断发展完善起来的，早期的商鞅是以法为主，中期的申不害是以术为主，到后期的韩非子，是法术势结合。

但我们也不能简单地把法家思想理解成现代意义上的法律的"法"。法家强调的是规则，在家族主义盛行的时代，法家其实有它进步的一面，它坚持规则面前人人平等，因此在很大程度上顺应了由封建制向郡县制转变的政治格局，这也就是战国时期，那么多统治者都比较接受法家的治国原则的一个原因。

法家还很重视"术",法家其实就是一种阴谋政治的推崇者,他们认为从统治的策略而言,统治者不能随便让人看穿。申不害还提出,统治者应该装傻,应该装作什么都不知道,这样做的好处是让臣下摸不透,根本不知道君主的真实想法。只有这样,才能真正地控制属下。

同时,对于"势"的强调,也是法家特别肯定的。韩非子说,一个人之所以对别人有威慑,主要是因为他所掌握的权力足够大,所以一个善于领导的人必须集中权势,让人不能有反抗的机会。事实上,儒家也强调君主的权威,但是儒家认为君主的权威主要来自他对民众的关注,对老百姓福利的强调和对教化的推广。在法家看来,君主的权威主要来自他所掌握的权力。法家与儒家最大的差别在于,法家坚持认为政治需要和儒家的亲情伦理之间有巨大的矛盾,也就是亲情伦理会妨碍统一标准的实施。同时,法家重视强化君主的绝对权力,因而与儒家将责任与义务结合的尊君观念有很大的差别。

如果按照现代政治学的理论来分析,法家更注重将政治的公共领域和私人领域进行区隔,而儒家的亲亲尊尊是将公共领域和私人领域相混同,以致制约了政治的效率。这也正是韩非子被儒家批评的关键。

得失之间的法家

很显然,法家的理论在秦国取得了巨大的成功。我们也知道,经过几代法家人物的辅佐,秦国由一个边陲小国逐渐发展为有能力一统六国的经济实力和政治实力强劲的国家,它所采用的耕战的政策和法规面前人人平等的策略，都极大地激发了秦国人的战争热情和勇气，因为他们都知道，这是改变他们的生命轨迹，使他们取得成功的唯一道路。

但是，法家和我们刚才讲到的儒家、墨家、道家都不一样。作为一个学派，法家内部的观点是相似的，但法家的人物之间并没有很好的关系，我们从韩非子的作品里可以看到，有很多篇幅在批评商鞅、批评申不害，在批评各种各样的法家前辈。

就拿两个很重要的法家人物韩非子和李斯而言，他们之间的关系十分紧张。我们知道，韩非子出身于韩国贵族，与李斯都是儒家重要代表人物荀子的学生，他们都跟荀子学习帝王术，两个人都擅长刑名法术之学，都是战国时期重要的法家思想的代表人物。

李斯被秦始皇任用以后，秦始皇看到韩非子所著的《孤愤》《五蠹》等篇，赞不绝口。这个时候韩非子在韩国得不到施展才华的机会，韩王就派韩非子出使秦国，使得秦始皇有机会与韩非子面对面地探讨法家治国的道理。

但是，历史上有一种说法，说因为李斯妒忌韩非子的才能，也妒忌秦始皇对韩非子的偏爱，所以要设法把韩非子置于死地。《史记》里描述说李斯进谏秦始皇："韩非，韩之诸公子也。今王欲并诸侯，非终为韩不为秦，此人之情也。今王不用，久留而归之，此自遗患也。"什么意

李斯峄山刻石

思呢？就是韩非子是韩国的贵族，如果陛下今天要吞并六国，那么韩非子最终还是会支持韩国，而不支持秦国，这是正常的人情。如果陛下今天不准备任用韩非子，就不应该久留他，如果久留他又让他回到韩国，那么他将是秦国的祸患。

秦始皇听了以后，觉得这个建议很对，所以找了个借口，下谕把韩非子关了起来。《史记》里还说："李斯使人遗非药，使自杀。韩非欲自陈，不得见。"李斯派人给韩非子送了毒药，韩非子想自辩，不得见，也就是说李斯根本不给韩非子辩解的机会。最后韩非子只能服毒自杀，秦始皇知道以后很后悔，但那个时候韩非子已经死了。

这个故事说明法家人物之间的关系是很紧张的。当然，我们也知道商鞅死在他自己的政策之下的故事。秦国在法家思想的指导下，短短几年就取得了巨大的成功，统一了六国。但是我们也知道，秦国统治中国的时间很短，到了汉代，人们就开始反思为什么秦国能在法家思想的指导下迅速崛起，但是又迅速覆亡。汉代的思想家的结论是法家的思想太刻薄，马上得天下，不能马上治天下，如果要治天下，还是应该遵循儒家的思想。

所以，法家的思想虽然得到统治者的偏爱，但是因为它难以使统治者实现长治久安，所以只能在暗地里继续产生影响，而儒家的思想在汉代逐渐取得了独尊的地位。

秦始皇着冕服像

第二章 秦汉

统一多民族封建国家的建立

秦的崛起

文：王子今

当我们观察和分析从先秦到秦汉的这段历史时，一定要注意有这样一个历史进程，就是从西北地区崛起了一个政治和文化实体，它逐步强大，最后兼并各国，建立了秦王朝，实现了统一。我们把这个历程称作秦的崛起。现在研究秦史的学者，很多都不仅仅是研究秦统一之后那15年的历史，而是更多地关注秦从立国到逐渐强大，成为春秋五霸之一，继而东进，征服六国，实现统一的这段历程。

秦文化与鸟崇拜

讲到秦文化，我们应当注意到它和我们通常所说的齐鲁文化、赵文化、楚文化、燕文化、巴蜀文化有一定的不同。它不仅仅是一个区域的文化，还是一个部族的文化，体现出一个特殊人群的文化气质、文化特征，还体现出受法家思想深刻影响的政治文化形态。它和秦统一以后的政治建设、政治设计都有一定的关联。人们常把秦文化理解为秦王朝统治时期的主体文化或主导文化，这当然也有法家文化的色彩和机制。

值得注意的是，秦早期作为一个部族联盟，和东夷民族的鸟崇拜有一定关系。因为传说秦的祖先女脩吞玄鸟的卵，怀孕生下了儿子大业，大业以后的一代一代的秦的祖先，都和鸟有一定的关系。大业的孙子里有一个叫作大廉，就是鸟俗氏，而大廉的玄孙据说是鸟身人言，身体是鸟的形态，但可以说人的语言。这些传说都体现出秦和以鸟为图腾的东夷文化的关系。

战国时期，楚国人说“秦为大鸟，负海内而处，东面而立”，“奋翼鼓䎉，方三千里”，是一股很强大的力量。人们用鸟来比喻秦人，比喻秦国的力量，也可能和秦人早期的鸟崇拜有关。《史记·刺客列传》中说，“以雕鸷之秦，行怨暴之怒”，说秦是一个很残暴的国家，用天上的猛禽雕鸷来形容秦。这种语言方式到了汉代仍然有存留，张衡的《东京赋》里说“秦政利觜长距”，是很凶猛的鸟，“嬴氏搏翼”，它有强大的翅膀，可以搏击一切。

秦人来自何方？

这种以猛禽来形容秦的力量的方式，也可能与草原游牧民族对苍鹰、雕鹫这种猛禽的崇拜有一定的关系。关于秦的早期文化，有来自西方的说法，也有来自东方的说法，这两种意见都有非常有影响的学者支持。秦人起源于西方说，有王国维、蒙文通、俞伟超、刘庆柱等学者持这样的意见；秦人起源于东方说，有卫聚贤、黄文弼、邹衡、林剑鸣、韩伟等学者持这种意见。秦文化和鸟图腾的关系，可能是很多学者认为秦起源于东方的一个论据。秦人的一些埋葬习俗和生活形态与甘肃、青海地区的远古民族有一定的关系，这也是一些学者认为秦起源于西方的论据。清华大学藏战国竹简里有比较重要的体现秦人来自东方的文献记录，最近也引起了学者的注意。

秦人曾经在甘肃东部定居，在甘谷、清水、礼县这些地方都发现了秦人早期活动的遗迹，发现了非常集中的贵族墓葬，出土了质量很高的青铜器、漆器、玉器，还有黄金制品。一些青铜器的形质、纹饰以及铭文，都告诉我们秦文化和中原文化相当接近，秦人的审美意识、制作工艺、文化水准和东方没有太大的差别。

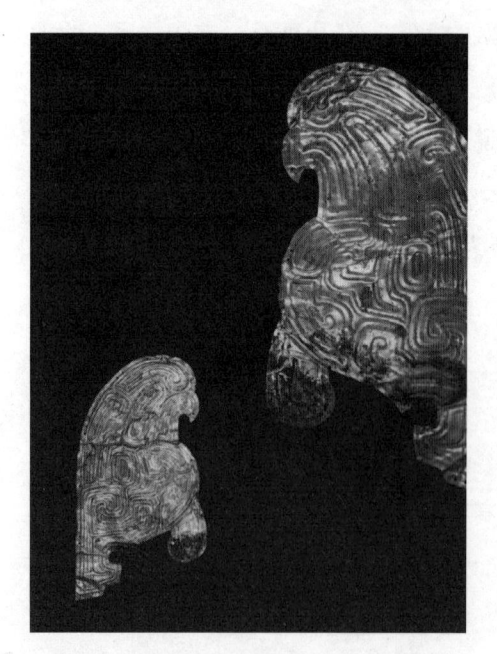

甘肃礼县大堡子山出土的春秋时期秦国鸷鸟形金饰片

从附庸到霸主

秦人早期在陇东地区养马,后来到汧渭之间为周天子养马,据说"马大蕃息",于是周孝王给予秦附庸这样的地位,"分土为附庸",号称秦嬴。西周末年,朝廷产生了政治变局,周平王不得不东迁,从陕西西安附近迁移到河南洛阳。秦的首领秦襄公率领他的兵马护送周平王到洛阳,于是周平王将当时被西戎占领的地方——岐、丰之地分封给了秦襄公,于是秦立国,秦襄公成为国君。

秦人后来向东进击,进入关中西部地区,以自己的战斗力量攻伐戎人,戎人败走,于是秦人占领了岐山以西的地方。在秦穆公时代,据说当时"伐戎王,益国十二,开地千里,遂霸西戎"。

关于春秋五霸,有不同的说法,有一种说法包括秦穆公。介绍秦史,一定要说到在秦孝公时代,有一位重要人物来到秦国,他就是商鞅,也叫作公孙鞅、卫鞅,因为被封在商地,所以史称商君、商鞅。他主持了变法,在秦孝公去世以后,他也遭到了迫害,受车裂之刑,但是他推行的新法令没有被废除,后世尊其法。

秦用商鞅之法,逐渐强盛起来。明代学者张燧的《千百年眼》这部书里说,商鞅这个人一切不顾,有豪杰胸胆,是一个大英雄。而宋代理学家、思想家朱熹评价商鞅,也指出他负面的一些问题,说"他欲致富强而已,无教化仁爱之本",他使得秦国迅速富强,这

商鞅被车裂,明刻本冯梦龙《新列国志》插图

一点他做到了，但是他不讲究道德建设，不讲究仁爱，不讲究以仁政对待民众，"所以为可罪也"，就是他的一整套做法其实是有严重缺陷的。

商鞅立法的时候，曾经有一个徙木立信的举动。他推行新的法令，怕老百姓不信服他，于是在国都集市的南门立了一根三丈长的木头，宣布有谁能把木头移动到北门，就给予他十金的奖赏。大家都觉得这个赏格太高了，没人敢去搬木头。于是商鞅又宣布谁能把木头搬过去，给予他五十金的奖赏。有一个人把木头搬过去了，于是真的给了他五十金。这个做法就是所谓"以明不欺"，用这样一个做法来表明这个时代的执政者说话是算话的，这个时代颁布的法令是一定要落实的，是一定要推行的，是一定要兑现的。

北宋的大改革家王安石曾经写过一首诗，诗题就叫作《商鞅》："自古驱民在信诚，一言为重百金轻。今人未可非商鞅，商鞅能令政必行。"商鞅讲究信，自古以来要发动民众、指挥民众，让民众信服你，你首先要讲信诚。现在的人都在批评商鞅，不要轻易批评人家，商鞅能够做到令政必行。

司马光在《资治通鉴》里引入了这个故事，他随后还有一段历史评论。他说"夫信者，人君之大宝也"，信这样一种政治品质、政治原则，是执政者的一个法宝。"国保于民，民保于信"，如果没有信，你就没有办法调动民众、鼓动民众，没有民众的支持，你就无以守国，你就没有办法维护政治的稳定、社会的安定。所以"古之王者不欺四海，霸者不欺四邻，善为国者不欺其民，善为家者不欺其亲"，不善者反之，做不好的人就会走向失败。"上不信下，下不信上，上下离心"，最后走向败亡。

司马光说商鞅"尤称刻薄"，是沿承司马迁所谓商鞅"天资刻薄人也"的判断。司马光说商鞅处在"战攻之世",生活在这样一个各国纷争的年代。我们都知道兵不厌诈,要取得战争胜利,是不能讲信的,"天下趋于诈力"。但即使是在这样的时代,商鞅仍然没有忘记信的作用,"不敢忘信以畜其民"。司马光说"况为四海治平之政者哉",现在是一个和平年代,是一个承平时代,难道就能够忘记信这个原则吗?他在提醒后来的执政者要注意商鞅的这个经验。

商鞅,他不讲教化,不讲仁政。我们读《韩非子》,还知道一个信息,在宣布新的法令之后,商鞅曾经有燔诗书而明法令的做法,就是早在秦始皇焚书之前,商鞅就已经开始把持不同意见的文献烧掉。也就是说,秦始皇所采取的非常严酷的、遭到千百年严厉批评的焚书坑儒这种文化专制主义政策,其实在商鞅时代就已经可以看到先行者。

商鞅变法也有很多成功的经验,比如设立了比较合理的基层行政方式,鼓励全民耕战,取消贵族的一些特权,这些做法都是可以使国家迅速进步的。另外,秦孝公把都城从雍迁到了咸阳,这个举措非常重要,非常有利。这使得秦的行政中心从关中平原的边缘地方迁到了关中平原的中心地带,对于领导关中地区的农业跃进是非常有利的,对于秦人向东拓展也是非常有利的。

秦国当时所取得的历史性的进步,按照荀子的说法,叫作"虽在僻陋之国,威动天下"。到了春秋晚期到战国初期,已经可以看到这样的趋势,就是原先中原文化积累比较雄厚的地方,似乎开始走向衰落,而周边地区,所谓僻陋之国,齐国、晋国、楚国、吴国、越国、秦国都是僻陋之国,则威动天下。秦国的历史又前进了一步,走到了秦昭襄王时代。

昭襄业帝

秦昭襄王执政56年,是秦史进程中执政时间非常长的一个君主。他的母亲宣太后起先帮助他执政,母子合作,使得秦国迅速强大起来。《史记》的《太史公自序》总结这段历史说"昭襄业帝",秦昭襄王时代已经确立了建立帝业的最稳固的基础。当时人们称秦人为夷狄,说秦夷狄之教,秦与夷狄同俗,秦杂夷狄之俗。注意到秦人和西北方的一些少数民族有非常密切的关系,这也是有人认为秦源起于西方的根据之一。可能正是因为如此,秦人综合了不同民族的积极的文化因素,所以秦文化体现出英雄主义、进取精神、开放胸怀。

人们谴责秦暴,说秦王之暴导致东方人在军事竞争中成为失败者,还说虎狼之秦,说秦是虎狼之国,秦王有虎狼之心,不可信。当时人们的这些语言,一方面体现了秦人和东方六国有非常深的文化隔阂,另一方面也体现了秦人的进取性、创造性、英雄主义,他们的文化节奏和东方有所不同。秦人的这些特点在战争中可能会表现得更为充分。

宣太后帮助他的儿子执政,可能有30多年的时间。到了秦昭襄王四十七年(公元前260年),昭襄王已经独立执政,这一年发生了一场非常重要的战争,就是长平之战。秦国的上将军白起在长平,就是今天的山西高平,全歼了赵军主力40多万人,取得了决定性的胜利,秦国的军事实力已经无敌于天下。这个强权地位的形成,为后来秦的统一准备了非常好的条件。当时秦人所占有的势力范围很大,可以说今天的太行山、白河这样一条南北线的西部,都是秦文化所深刻影响的地方。当时整个西部地区已经为秦人所全面控制,这为后来秦实现统一奠定了非常稳固、非常有利的基础。

秦的统一

文：王子今

王正月

自战国以来，社会上出现了一种追求统一的文化趋势，儒家学者较早提出了这种理想，《诗经》中说"溥天之下，莫非王土。率土之滨，莫非王臣"。另外，在《公羊传·隐公元年》中，说到《春秋》采用周天子的时间记录，"王正月"，用意在于"大一统也"。

王正月，追求的是一种统一的政治理想。其实不光儒家学者讲统一、祈求统一、盼望统一，法家学者也讲，《申子》里说"一言正而天下定"。"天下"这种说法很早就出现了，在战国时期，"天下"的使用非常频繁，在《韩非子》这部书里，"天下"这个说法可能出现了260多次。

那么，怎样实现统一？《孟子》里有这样一段记载，孟子谒见梁襄王，出来后就跟大家说他见到了王，王看起来不像一个君主，并不威严。但是，王突然问孟子："天下恶乎定？"天下怎么才能安定呢？孟子回答说："定于一。"天下统一了，就会安定。对方又问："孰能一之？"谁能够统一天下呢？孟子回答说："不嗜杀人者能一之。"不喜欢杀人的君主就能够统一天下。就是说孟子期望君主通过和平的方式，以仁政、以王道来征服人心，实现统一。这是儒家的理想。孟子还说，"得道者多助，失道者寡助。……多助之至，天下顺之"，统一自然就可以实现。很可惜，秦最后虽然实现了统一，但不是以这种方式，而是通过军事方式，通过流血的战争实现了统一。

经过了战国时代，在秦始皇时代，秦实现了统一，这是秦王政在位的第26年。这个君主在执政的第17年灭掉了韩国，在执政的第19年灭掉了赵国，随后又灭魏、灭楚、灭燕。在执政的第26年，他灭掉了最后一个东方国家齐国，真正实现了统一。这是中国历史上一次非常重要的变化，改变了中国历史的走向。

何以是秦？

那么，秦为什么能够实现统一？为什么是秦而不是别的国家实现了统一？我想从几个技术性的角度来探讨秦实现统一的原因。秦人在几个技术层面表现出明显强于东方六国的优势，比如水利经营、交通建设、机械发明、动力革命、技术管理等。

秦人非常注重水利开发，因为关中地区的水利条件非常好。"水利"这个词最早出现在《吕氏春秋》这部书里。水利是农业的命脉,是农耕经济最重要的生产条件,而秦人尤其重视经营水利事业。我们都知道郑国渠、都江堰,还有灵渠,灵渠是秦在统一战争中开发的把湘江水系和珠江水系联系在一起的体现出高度智慧的水利工程。

郑国渠是韩国的一个水利工程师到秦国来建议秦人修建的一项工程,最初的目的是使秦国大量消耗国力,以延迟对韩国的军事进攻。但是,韩国人的设想和阴谋后来败露了。秦王政,就是后来的秦始皇,就把韩国派来的这个工程师郑国抓住,郑国承认他们最初的动机就是消耗秦的国力,但是他说这个工程如果完成,会使得秦人享受千百年的利益。于是秦王政释放了他,仍然任命他做这个水利工程的总工程师,完成了这个工程。因此,这个工程就用这个韩国间谍的名字来命名,叫作郑国渠。这是中国古代用人名来命名水利工程的一个较早的先例。

我们再说说交通建设。秦人对交通建设非常重视,秦人早期经历过游徙生活,经历过长距离的迁移,所以秦人祖先的很多事迹都体现出他们在交通活动方面的特长。比如,秦人的祖先里有为商汤驾车的传说人物。还有一个跑得非常快的人物,叫作飞廉,所谓飞廉善走,也是秦人的祖先。特别是周穆王西行千里会见西王母的传说中,为周

秦陵铜车马出土时的情形

穆王驾车的就是秦人的祖先。

秦人立国也直接和一次重要的交通活动有关，就是秦襄公以兵马护送周平王东迁，周平王才封秦襄公为诸侯。《诗经》的《秦风》，就是秦地的民歌里，有很多体现秦人喜欢车马的诗句。在祭祀天地、祭祀神的时候，秦人是较早用车马的模型来作为祭品的，这体现出车马在他们的信仰世界中的重要性。在秦人的风习中，富人出行的时候，会有大队的车马随行。

我们都知道"秦晋之好"这个成语。在春秋时期，秦国和晋国曾经保持过较好的外交关系，两国之间的黄河上曾经架设过临时的浮桥，这是秦人的经营。历史上黄河的第一座常设浮桥也是秦国在秦昭襄王五十年的时候修建的，这是黄河上的一座非常重要的桥梁，以桥梁建筑实现了通行。

我们再看着车辆的发明和制作。比较早的车辆是单辕车，西周时期的车辆通常都是这种形式，一般需要至少两头牲畜来牵引，或者需要四头甚至六头牲畜。秦人发明了双辕车，我们在陕西凤翔的战国秦墓里看到了出土的双辕车的模型，这可能是世界上最早的双辕车，只用一头牲畜比如一头牛或一匹马就可以牵引，它对道路的宽度的要求也大大降低。

还有独轮车。相关文字记载和图像资料告诉我们，独轮车是东汉时期民间非常普及的车辆。后来有学者告诉我们，独轮车的发明年代可以上推到西汉晚期，这是非常重要的考古学发现。但是，我们从近年陕西临潼秦始皇陵兵马俑2号坑工地的发掘报告里可以看到，每个地层中发现的车轮痕迹，有很多只有一道痕迹，没有平行的另一道痕迹，这告诉我们独轮车在这个时候已经发明了，而且已经应用在工程运输活动中，这应当也是秦人的发明。秦人曾经组织过一些大规模的运输工程，比如向晋国运送粮食，史称"泛舟之役"，《左传》里有明确的记载。在秦昭襄王十二年（公元前295年），秦国曾经给楚国运送了5万石粮食，《秦本纪》里记载"予楚粟五万石"。按照汉代运输车辆的载重标准，一车装载25石的规格来计算，运送这5万石粮食需要2000辆运输车辆，这是一支规模非常宏大的运输车队。

交通能力对战争的胜负有非常重要的影响。秦人比较善于远攻，历史上长距离远征的纪录是秦人创造的。秦在统一战争中调动数以十万计的大军连年出击，这是需要强大的运输能力保证后勤供给的。

《孙子兵法》里说"师者远输"，秦人在这方面体现出了优越的能力。我们看到天水放马滩秦墓出土的战国晚期的木板地图，上面绘制了交通道路，甚至一个地点到另一个地点的里程也记录下来了，其中还用特殊符号标示出关隘。

秦统一以后的交通建设，在中国历代王朝中也是比较突出的。

再来看看机械发明。甘肃礼县圆顶山秦贵族墓出土了一件器物，即车型器，就是青铜制作的一个小匣子，它下面有四个车轮，车轮是可以转动的，做得非常巧妙，上面四个角各有一只鸟，鸟也是可以旋转的。当四只鸟的头部转向中央的时候，匣子上面的两个盖子就锁住了；当四只鸟的头部都朝外的时候，匣子上面的盖子就可以打开了。

秦人在机械设计方面的优越能力，我们还可以通过这样的事例进行说明。关于秦始皇陵，司马迁留给我们两三百字的记录，说"令匠作机

车型器

弩矢"，让工匠制造用机械引发的弓箭，如果有盗墓者进入，可以自动发射弓箭，射杀这些盗墓者。另外陵墓的地宫里"以水银为百川江河大海，机相灌输"，用机械方式让水银制作的江河湖海的模型流动起来。

这段记录还说到秦始皇安葬之后，有人说"工匠为机，臧皆知之"，这些工匠熟知地下的这些机械构造，于是就把他们通通关在墓里了。两三百字的记录里出现了三个"机"字，一处是"机弩矢"，一处是"机相灌输"，一处是"工匠为机"，这告诉我们秦人的建筑设计非常重视机械结构。

那个时候，机械之变都是与军事生活有关的。比如弩机，弩机的发明对战争产生了非常重要的影响。马克思在给恩格斯的一封信里讲到通过军队的历史来验证生产力和生产关系的联系。他说，一般来说，军队在经济发展中起着重要的作用，大规模运用机器首先是从军队开始的。我们今天也知道，最尖端的技术首先应用于军事，应用于国防，在秦的历史中也是如此。秦的兵器中还有一种叫作连弩，就是可以连续发射的弩，秦始皇曾经使用这种连弩来射海中的大鱼。这种连弩应当说是当时最先进的兵器，而这种兵器在汉与匈奴的战争中也被应用，我们能看到相关的历史记录。古人对甲兵器械的重视，告诉我们机械制作、机械发明对军事的意义。

还有一点就是动力革命，秦人在这个技术层面上也体现出和东方六国相比的优胜之处。秦人重视自然力的开发，利用自然力来节省人力，这是生产方式进步的一个重要条件。这种动力革命对推动历史前进有非常重要的意义。

秦人非常重视养马，曾经在汧渭之间为周天子养马，马大蕃息，于是受到周天子的信用。另外，对于引入一些中原人原先没有见过的所谓的西方奇畜，秦人也有先行的经历。李斯在《谏逐客书》中说到了，他说秦的宫廷里有骏良。郑国的事件发生以后，秦王下令要把外国人统统赶走，李斯是外国的客，于是他就上书说明客卿的重要，这就是非常有名的《谏逐客书》。他说如果所有外国的东西陛下您都不要，一定要秦国之所生才可以采用，那么就不能享用外国的美女、外国的非常好的音乐舞蹈、外国的珍宝了。另外还说到"骏良駃騠，不实外厩"，就是也不会有良马，很多学者认为是骡子，这是中原原先没有的一种动物。

另外驴的大量引入是在丝绸之路开通之后，《盐铁论》里说"骡驴馲驼，衔尾入塞"，但是我们看到比较早的战国时期的资料，就是从鄂尔多斯地方征集到的带有驴的形象的青铜铸件，应当和秦文化有关。

关于动力革命，《战国策》里有一个说法。《战国策》记录赵国的社会上层在讨论要不要和秦人决战的时候，说到了秦人"以牛田，水通粮"，所以不可与战。一个叫作赵豹的贵族告诫赵王，秦这个国家非常厉害，他们用牛来耕田，用河流来运粮，不可跟他们作战，希望您一定要慎重考虑。

著名历史学家徐中舒曾经指出，牛耕是在战国时代由秦国普遍推行的，如果没有牛耕，秦国也就不能抽出更多的壮丁和积累更多的粮食来进行长期的战争。如果没有水通粮，就是后来的漕运，秦人就不能把积聚的粮食输送到远方，去征服其他国家。这种动力革命是非常重要的。在天水放马滩秦墓出土的木板地图上，我们看到很多关口设置在河流的两侧，这告诉我们这些河流当时一定是可以通航的，所以在一定的地方设置了关卡，来控制运输行为。

最后，秦人在技术层面表现出优越性的一点还有技术管理方式的提升，这对于秦的生产力的进步有非常重要的意义。战国时期有一种制度叫作"物勒工名，以考其诚"，就是在一些产品上要刻上质量责任者的名字，比如工匠的名字、工长的名字、车间主任的名字，甚至监制者，丞相一级的官员的名字，以便于质量检查。这个制度在战国时期的其他一些国家也有，但是我们看到比较确切地记录这个制度的文献是《吕氏春秋》，是成书于秦国的文献。

另外，秦的工程组织也达到了非常高的水准。举一个例子，陈胜吴广发起反秦暴动之后，几十万大军攻到关中，秦二世非常惊慌，从远方调动兵力已经来不及了，怎么办？有一个官员叫章邯，他建议说骊山有几十万修建秦始皇陵工程的劳动者，可以发给他们兵器，让他们组成一个新的军团来作战，于是秦二世采用了这个建议。章邯成为这支部队的首领，结果这支部队竟然击败了几十万农民军，又向东进军，击败了楚国的主力。楚国名将项羽的叔父项梁的部队在定陶之战中被击破，项梁死在了定陶。这支部队成为秦王朝末期最强大的一支主力军。我们疑惑的是，这些在进行土木施工的工匠，为什么拿到武器马上就能作战呢？我们的一个推想就是，他们在工程进行期间是以军事化的方式组织起来的。他们的组织方式可能有些类似于现在的工程兵、铁道兵，或者说是生产建设兵团，所以他们拿到武器，马上就可以进入战争状态，而且成为常胜军团。

秦的统一是中国文化史上的一个重要转折点。按照李学勤先生的说法，他说继此之后，汉代创造了辉煌的文明，秦统一的影响范围绝不限于亚洲东部，我们只有从世界史的高度才能评估它的意义和价值。

那么，为什么秦能够实现统一？以前有学者认为是因为秦的社会制度比东方六国先进，秦的商鞅变法进行得比较彻底。这样的看法现在看来是有问题的。李学勤先生说，必须重新描绘晚周到秦社会阶级结构的图景。他说有的学者认为秦的社会制度比六国先进，我们不能同意这一看法。从秦人相当普遍地保留野蛮的奴隶制关系来看，事实毋宁说是相反。秦的社会制度，从很多迹象来看，并不显得比东方六国先进。应当说，我们讨论秦的社会形态、秦的阶级关系、秦的社会制度，从这个角度来理解秦统一的原因，可能还需要做进一步的工作，而从一些技术层面来分析、理解秦统一的原因，也可能是必要的。

千古一帝秦始皇

文：王子今

"千古一帝"是后来的政论家对秦始皇的一种评价。秦始皇实现了统一，在政治格局、政治制度方面有很多新的创制，或者说有很多新的发明。我们在这一节中来谈谈秦始皇的政治理念、政治创造和他的行政风格，以及后世对秦始皇这个人物的历史评价。

影响秦始皇的两个人

秦始皇的政治理念的形成，应该说受到过一些思想学派的影响。韩非的影响是非常显著的，秦始皇读《韩非子》里的篇章，感叹说如果能和这个人相识,即便是死了,也没有遗憾了。

于是李斯就告诉秦始皇,这是他的同学韩非写的书,秦始皇就派兵攻打韩国,要求韩非到秦国来。韩非作为韩国的使者来到秦国,秦始皇采用李斯的建议,把韩非留在了秦国,最终韩非死在了秦国。还有一个人对秦始皇的政治理念产生过影响,就是吕不韦。唐代诗人李商隐有这样的诗句:"嬴氏并六合,所来因不韦。"嬴秦兼并了天下,创立了秦帝国,对这个历史进步有重要贡献的一个人物就是吕不韦。

吕不韦
大贾面目假父
衣冠拟礼贤士成
一家言
争名于朝
争利于市
令之阻
曾如其智

《东周列国志》中的吕不韦绣像

应当说,吕不韦是中国历史上以个人财富影响政治进程的第一人。中国历史上,在吕不韦之前有一个人叫范蠡,他是越王勾践的主要助手,帮助越王勾践实现了复国计划,击败了吴国。但是,他很快就离开了政治旋涡的中心,隐身到齐国去经商,据说曾经"三致千金",后来在陶这个地方,就是今天的山东定陶附近定居,成为一位富商。范蠡是先从政后经商的一个人物,而吕不韦是先经商后从政的一个成功人物,他以富商的身份参政,取得了非凡的成功。

秦始皇的身世之谜

吕不韦的出身也是他后来受到一些非议、批评、毁谤的原因之一。但是，中国古代很少有走这种由经商而从政道路的人，他对政治文化风貌的影响还是有特殊意义的。吕不韦的故事里有一个重要的情节涉及秦始皇的身世，秦始皇的母亲赵姬有孕之后，归于他的父亲子楚，这在《史记·吕不韦列传》里有记载。但是，司马迁同时又澄清了这种说法，他说"至大期时，生子政"，就是秦始皇的母亲到了"大期"才生了秦始皇，就是说是足月生的。

在明代，已经有人说这是战国好事者为之。清代梁玉绳的《史记志疑》是对《史记》提出很多批评的一部书，书中说司马迁记录赵姬"至大期时，生子政"，是想"别嫌明微"，人们不应该误读《史记》。也有人认为是吕不韦的门客在吕不韦受到政治惩处之后，借这个传说来丑化秦始皇。还有一种可能的说法，就是后来亡国的六国知识分子宣扬这件事，使得天下人认为秦虽然灭了六国，但其实已经先亡国了，因为秦的国君的血统根本不纯正。

我们用严肃的眼光来看待历史，秦始皇就是秦始皇，即使他的血统有疑问，也不影响我们对他这个人物历史作用的评价。

《吕氏春秋》规划的蓝图

说到吕不韦，就要提到他主持编撰的一部著作，叫《吕氏春秋》。后来的学者进行图书分类，往往把它划定在杂家一类，其实我们可以看到，它吸收了东方各种思想流派的积极、有益的因素。而且我们还可以体会到，吕不韦有意识地在大一统的政治体制即将形成的时代，为推动历史进步进行了一种文化准备，就是他描绘了一幅政治蓝图，为这个即将出现的强大帝国规划了它的政治走向和政治格局。

在政治文化的总体构想方面，吕不韦和他的助手们进行了精心的设计。《吕氏春秋》里有非常积极的内容，有非常可贵的成分。比如其中有一篇叫作《顺民》，强调执政要顺民心，"先王先顺民心，故功名成"，先主首先顺应民心，所以能够取得政治成功。又说："凡举事，必先审民心，然后可举。"就是要考察社会各色人等的政治诉求、政治愿望。顺民心的理念应当说是非常重要的。《吕氏春秋》是战国百家争鸣时代最后一部有影响力的论著，是可贵的文化成就。它也是文化史即将进入新阶段的一个重要标志，是一座文化进程的里程碑。

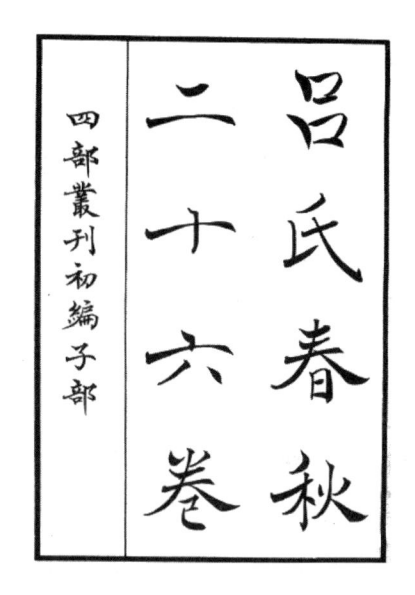

《吕氏春秋》书影

吕不韦在秦王朝建立的时候已经退出历史舞台了，但是《吕氏春秋》对秦政仍然形成了倾向性、规定性的影响。宋代的思想家朱熹曾经评价《吕氏春秋》这部书，说"道里面煞有道理"。

秦始皇的政治创造

说到秦始皇的政治创造，就要提到他发明的几种政治制度。第一是皇帝制度，"皇帝"这个名号使用了2000多年，一直到1911年。秦王朝的寿命只有十四五年,但是皇帝制度被沿袭下来。

秦始皇对大臣说,天下统一了,原来的名号"王"已经不适应现在的政治形势了,"其议帝号",你们要商议出一个新的名号。但是,李斯这些大臣不明白秦始皇的心理,商量了半天,选了一个名号叫作"泰皇"。秦始皇不满意,说要把"泰"字去掉,把"皇"字留下来,再加上"帝"字,叫作"皇帝",他是"始皇帝",然后一代一代继承下去,二世、三世一直到万世。皇帝制度是秦始皇的一个重要发明。

第二是官僚制度,中央机关、地方机构都有一整套非常严密、比较合理的官僚制度。秦王朝很快覆灭,刘邦建立了新的帝国西汉王朝,但是在政治体制上,仍然沿袭秦的模式,叫作"汉承秦制"。《汉书·百官公卿表》在介绍各种官员的身份、职能、待遇的时候,往往说某个官职是秦官,是秦王朝时期已经确定的制度。

第三是郡县制度。郡县制度的确立是经过争论的,有大臣说天下这么辽阔,管理这个国家要继承周代的制度,分封子弟和功臣到各地去,共同辅佐中央,实现全国的稳定。秦始皇和李斯拒绝、驳斥了这个建议,说各地封了诸侯,就是发生战争的原因,这是有历史教训的。

郡县制度就是郡和县这两级行政部门直接向中央负责,直接向皇帝负责,官员的任命、地方的管理直接由中央垂直实现。这个政治设计在西汉前期曾经有过反复,但是很快又扭转过来,全面承袭了这种制度。郡县制度也影响了中国2000多年,它对于国家的统一、社会的稳定、经济文化的进步有非常重要的意义。

明代思想家李贽说李斯提出推行郡县制度的建议是"千古创论",又就"置郡县"这个举措赞誉说"此等皆是应运豪杰,因时大臣",这都是最英明、最清醒的政治家做的决策。他说"圣人复起,不能易也",就算是先古圣王尧舜禹汤、周文王、周武王来当政,让他们来做政治选择,也会采取这个方式,不会有其他选择。

秦始皇时代所推行的有益于历史进步的一些举措,比如统一货币、统一度量衡、统一文字,在全国进行大规模的交通建设等,都是非常重要的。

秦制是非

但是,秦的政治制度是由皇帝来做最高执政者,由皇帝来进行最终决策,是被后人称为"专制"的制度。这种制度影响了中国2000多年,造成中国后来发展缓慢,民生、民智、民权都受到限制,不能自由发展。

谭嗣同,戊戌变法中为了改革而牺牲生命的大改革家,在《仁学》这部书里对秦政有所评价:"二千年来之政,秦政也,皆大盗也。"就是皇帝主宰整个社会,限制整个社会,全民都受到压抑。2000多年来中国政治制度的演进都沿袭着秦政最初设计的这个方向,这是中国历史中的一个显著弊病。李约瑟,一位英国历史学者、科学史学者,在《中国科学技术史》这部书里讲到法家思想在秦政中的作用,他说法家的学者倡导的集权主义颇近于法西斯。秦朝推行法家思想,后来为汉朝所取代,法家受到了压抑,儒学的地位上升,成为意识形态的主导。他指出法家以法律为治国的主导,体现出集权主义的倾向。

按照李斯的说法,"天下已定,法令出一","今皇帝并有天下，别黑白而定一尊"，所有的政治判断、所有的文化判断，都是皇帝一个人说了算。当时有方士议论秦始皇执政的问题，说"天下之事无小大皆决于上"。这是秦始皇时代体现出来的政治风格。

始皇功过

应当说，秦始皇这个人物的历史表现还有一些值得我们注意的特点。这位来自西北高原的君主在统一战争期间曾经三次出巡。统一战争结束之后，就是秦帝国建立之后，他又以皇帝的身份五次出巡，有一次是向西北方向走，到了甘肃，另外四次都走到了海边。

他在琅邪这个地方，也就是今天的山东青岛附近停留了三个月，据说"大乐之"，心情非常好，还组织了大规模的移民集中在这个地方，这些移民享受着"复十二岁"的待遇，就是12年不用向政府缴纳赋税，不事徭役。秦始皇在沿海各地刻石，颂扬自己的威德。他还在海上航行，以连弩射杀大鱼。他组织方士去寻求海上的仙山，目的是为自己求取不死之药，同时这也是以行政支持的方

秦始皇遣使求仙，出自清代沈振麟彩绘本《帝鉴图说》

式帮助这些早期的航海家进行最初的海洋探索。一个重要的史例就是徐福出海再没有回来，很多学者认为他可能是到了日本。有关秦文化的世界性影响，这也是一个具体的实例。

秦始皇还是一个非常勤政的皇帝，据说他每天"以衡石量书"，就是每天给自己处理公文设一个指标。一石当时是120斤，相当于今天的60斤，就是至少要处理完60斤重的写在简牍上的文书。有学者进行过测定，当时一枚简牍能写38字左右，60斤大概有多少字？经过粗略测算，秦始皇每天处理的文书竟然达到了30万字左右。这让我们非常吃惊，可见这个帝王的勤政。

但是，方士们在议论这件事情的时候，说他"贪于权势至如此"，说他不放权，把所有的权力揽在自己手里，最后死在出巡的路上。秦始皇陵西侧出土的两乘铜车马体现了当时制车技术的最高水平，是当时最好的车，但是它并没有有效、高级的制动装置，也没有今天所有车辆都具有的减震装置。乘坐这样的车辆出行是相当辛苦的。

对于秦始皇这个人物的评价，李贽说"是圣是魔，未可轻议"。骂秦始皇的人很多，对秦始皇予以肯定评价的人并不多，李白有诗作歌颂秦的统一，说"秦皇扫六合，虎视何雄哉"。现在的政治家，像毛泽东这样的人物，对秦始皇的评价也是有前后变化的，起初他对秦始皇是彻底批判的，到了晚年对秦始皇又有一些赞许，又有更多的肯定。这也告诉我们，对秦始皇的历史评价是一个复杂的历史问题，也是一个复杂的文化命题。

焚书坑儒

文：王子今

  秦始皇在实现统一之后的第八年和第九年做了两件事情，就是我们都知道的焚书和坑儒。焚书坑儒体现着秦帝国的政治方向和文化原则，秦始皇一定没有想到这样的决策会成为千古议论的一个主题。

  后人经常把焚坑两件事合在一起说，所谓焚坑之祸、焚坑之恶、焚坑之惨等。毛泽东有诗句，"劝君少骂秦始皇，焚坑事业要商量"。应当说，焚书坑儒是文化史上的浩劫。也有一些学者说，焚书其实未必是中国古代图书遭遇的最大浩劫。这些评价都是值得认真思考的。

胸怀博大的客卿制度

我们可以看到，秦人在崛起和统一的历程中是表现出一定胸怀的，他们用客卿治国，用外国人来担任高等级的行政长官，重用来自敌国的有才之士。由余、商鞅、范雎、李斯、尉缭，这些名臣都是来自外国而受到重用，他们个人得到了实现理想、施展才智的较好平台。再比如吕不韦，我们知道他也是一个外国人，他是一个对秦史进程有积极推动作用的人物。

客卿的运用，在客观上促进了优秀文化的吸收，促进了秦文化的发展。一些东方文化理念，秦人起初是排斥的，后来逐渐有所吸收。秦人利用这种客卿制度实现了国力的空前增强，实现了进取的空前成功。秦人对外来文化的吸收也是毫不拘忌的，比如郡县制度，就是秦人推行的地方行政管理制度。起初秦人在秦孝公的时候设立了县，但是还没有郡，后来魏国把上郡这个地方给了秦国。秦人继承了上郡的设置，后来又有了汉中郡。可以说，郡的设置，秦人是吸收了其他国家先进可贵的经验的。另外，秦设博士制度，秦始皇时代设置了70多个博士的职务，也充分听取博士的意见，这也是接受东方的文化体制的体现。

再有就是对燕齐方士的信从。环渤海地区有一些燕齐方士，就是后来积极为秦始皇寻求不死药、寻求海上三仙山的一些东方知识分子，也受到秦始皇的信用，秦始皇对他们也表现出比较虚心的文化态度。总的来说，秦的客卿制度的积极意义，在历史上有着显著的迹象可以证明。

焚书始末

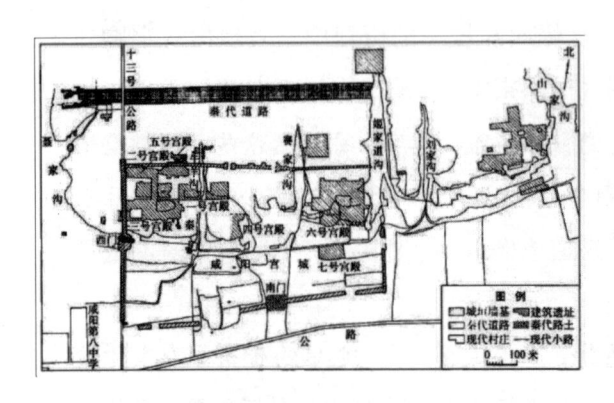

咸阳宫城垣遗迹范围及其遗址分布图

秦始皇"置酒咸阳宫,博士七十人前为寿",前来祝贺他。其中周青臣提出,陛下您平定了天下,控制了天下,"以诸侯为郡县,人人自安乐,无战争之患,传之万世","自上古不及陛下威德",秦始皇听了很高兴。另外一个博士提出相反的政治判断,他说应当实行分封,推行郡县制度是有问题的,应当学习殷周的制度,"事不师古而能长久者,非所闻也",他说我从来没有听说过不听古人的意见就能治理好天下的事,一定要向古人学习,继承历史经验。这个博士接着说,这个叫周青臣的家伙,当面拍陛下您的马屁,"重陛下之过",他不是忠臣。

秦始皇听了两个人不同的意见之后,让大臣们就这个争议进行讨论。丞相李斯就说不一定要遵循古人,"五帝不相复,三代不相袭",各个年代都有自己的制度,要根据时势有所调整。同时,他又说现在"天下已定,法令出一",一些读书人"不师今而学古",要从古人那里寻求积极的文化营养来批评当今的制度,"惑乱黔首",扰乱人心,这是不行的,他建议禁绝私学。"私学而相与非法教,人闻令下,则各以其学议之",这是不可以的。他建议禁私学,同时建议烧书,就是所谓的焚书。

他建议，史官掌握的史书中，只留下秦国史书，其余的都烧掉；除了博士官掌握的图书外，"天下敢有藏《诗》《书》、百家语者"，都要烧掉；私下讨论《诗》《书》这些儒家经典的，要处以死刑，处以弃市之刑；"以古非今者族"，用古代的事情来非议今天的事情的，全家都要杀掉。焚书法令得到了秦始皇的赞许。哪些书不烧呢？"所不去者，医药卜筮种树之书"。医学书、卜筮书，就是算命、预测未来的这些书，在当时都是普遍应用的书。还有种树之书也不必烧，种树之书就是农书，就是总结种植农作物经验的书。

这个法令开始推行，读书人痛心疾首。后来的千百年来，人们说到这件事情，都觉得非常惨痛。但是，明代思想家李贽这样评论李斯关于焚书的建议，他说"大是英雄之言"，就是肯定其积极意义，"然下手太毒矣"，批评其手段急烈。他接着说，"当战国横议之后"，就是战国百家争鸣，思想自由、言论自由这个时代以后，天下统一了，"势必至此，自是儒生千古一劫"，这是思想史、文化史进入这个阶段的一个必然的表现，一个必然的结局，"埋怨不得李丞相、秦始皇也"。这是李贽这样一个充满自由精神的思想家所做出的判断。

关于"坑儒"事件中"儒"的身份

另外就是坑儒的事件。卢生、侯生这两个方士起初得到秦始皇的信任，为秦始皇服务，后来他们厌倦了秦始皇，他们认为这个人贪于权势，为他求仙是根本不可能的，于是就逃走了。秦始皇因此大怒，他说我给这两个人的待遇非常高，但是他们竟然说我的坏话。于是"案问诸生"，对咸阳的诸生进行审查，诸生相互之间举报告发，违反法令的竟然有460多个人，都被坑杀在咸阳。这就是历史上所谓的"坑儒"。

这里说到了诸生，侯生和卢生是方士，追查的则是诸生。其实，顾颉刚先生在《秦汉的方士与儒生》中讨论了环渤海地区的方士文化表现，我们看到，方士与儒生这两种身份有时候是不容易分得很清楚的。

后来有学者对焚书坑儒这个文化史上的重要事件进行了争论。有人说这其实是一个不真实的事件，焚书只是秦始皇对教学课本进行了改革，把一些不适用的教学课本予以删除。对于这样的说法，我们还是要用比较清醒的、科学求实的精神来讨论。教育史的常识告诉我们，秦代还没有国家和朝廷全面控制教育的制度，没有什么统一的教学课本，没有什么教学课本改革，这都是没有根据的推想，是不符合当时文化教育形式的实际的。

近年来也有一些学者否认秦始皇坑儒这件事情，认为他坑杀的对象是术士，而不是儒生。对于这样的观点，首先我们会想到，难道术士就比儒生要低贱，就可以随意屠杀吗？而且秦始皇坑杀的对象，是不是可以排除儒生，还是需要澄清的。术士、方士和儒生，他们的文化资质其实是有某种相通之处的。有的学者指出，坑的是方技之流，不是我们儒中人，"非'吾儒中人'"。这是没有明白术士指方士，也可以指儒生，这个身份的区别，不是可以分得非常清楚的。有关术士可以指儒生的例子，我们可以看到《史记》里有一些篇章是说得很明白的。

把术士和儒生进行严格的区别不是非常容易的，而且我们注意

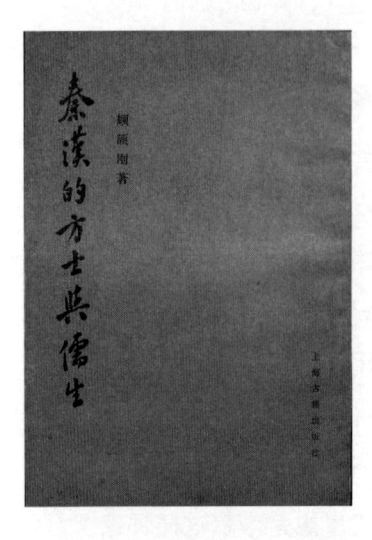

《秦汉的方士与儒生》书影

到在坑儒的事件发生后，秦始皇的长子扶苏就提出了不同看法，发表了反对和否定的意见。他说"天下初定，远方黔首未集，诸生皆诵法孔子"，现在陛下您以"重法绳之"，用非常严酷的刑罚来处治他们，"臣恐天下不安"，"唯上察之"，希望您仔细考虑。这个言论发表之后，秦始皇大怒，就让扶苏到上郡去做监军，去蒙恬的部队担任监军的职务，离开了中央决策机构。扶苏说"天下初定，远方黔首未集"，我们知道一个政权在扩张的过程中是一步一步进行区域征服的，首先使离得比较近的地方认同征服者的文化，越远的地方，越不容易进行人心的整合。"天下初定，远方黔首未集"，就是天下刚刚统一，偏远的地方还没有完全认同我们的政治体制。而"诸生皆诵法孔子"，这七个字说得非常明确，诸生就是被坑杀的人，有一些人说是术士，有一些人说是方士，而扶苏说"皆诵法孔子"，这是毫无疑问的，他们就是儒生，表明了他们的身份。

应当说扶苏的批评是直接针对坑杀诸生的，他和真实历史的时间距离和空间距离最近。事情刚刚发生，他就提出了不同意见，时间距离最近；而他就在这个事件的决策者秦始皇身边，空间距离也最近。而这个意见的发表者，和帝国的最高决策人秦始皇是有最亲近的感情的，和执政中枢机关是有最密切的关系的，所以他这个意见"诸生皆诵法孔子"，我们是一定要重视的。

高度务实的文化倾向

我们还应该看到，焚坑体现出政策的连续性，时间相隔一年，焚书是在秦始皇统一之后的第八年，坑儒是在秦始皇统一之后的第九年，他的政策连续性体现得很明确。焚书的时候已经有了对违令儒生严厉惩处的手段，就是"有敢偶语《诗》《书》者弃市。以古非今者族"，已经说得很明确了。而诸生，他们后来犯了法，有可能就是违反了这两项规定，偶语《诗》《书》，以古非今。讨论秦的焚书坑儒，我们要注意到秦文化的一个原则，秦文化的一个基本倾向就是讲究实用。

秦始皇登泰山的时候，封禅的过程也很有意思。据说自古以来有至少几十个执政者都曾经封禅泰山，得到了上天对他们执政合法性的肯定，现在秦始皇要来泰山封禅，这个仪式怎么进行？秦始皇就咨询了齐鲁地方的儒生博士，选了70个人，或者可能稍多一些，72个人。这个人数也是效仿了齐国稷下之学，齐王组织了一个为他提供咨询意见的班子，一个文化人的群体，给他们很高的生活待遇，但他们是不参政的，他们是没有行政责任的，只是有一些重大决策需要他们提供咨询意见，这个班子也是70人左右。秦始皇封禅的时候，征求儒生博士的意见，但是儒生博士们你说你的，我说我的。秦始皇认为"难施用"，就是没有办法付诸实践，因此他从此就不喜欢儒生。

也就是说，办法是否可以施用，这是秦始皇时代文化判断的一个标尺，也是秦始皇政策选择的一个标尺。孔子的一个六世孙孔鲋在谈秦代的政治取向、政治表现的时候，说"吾为无用之学"，"秦非吾友"。他说我从事的是在秦人看来没有用的学问，不是可以实际操作、可以实践的学问，比如带有一定思辨性、带有一定理论性的这种学问，秦人认为我从事的是无用之学，"秦非吾友"，因此我和秦没有办法合作。他就提出了这种文化倾向、文化取向上可能带有根本性特点的差异。秦文化有重视实用之学的特点，我们刚才说了，焚书的时候，医书是不烧的，农书是不烧的，术数之学这些书，都不在禁毁之列，因为它们是实用的。实用之学，仍然允许继承，仍然是提倡学习的。

未烧的兵书

秦始皇后来回顾焚书这个事件的时候，他是这么说的，他说"吾前收天下书不中用者尽去之"。他认为这些书是没有用的，就像孔鲋说的"吾为无用之学"，"秦非吾友"。秦始皇认为他们的学问、理论、理念是"不中用者"。他说焚书这件事就是"吾前收天下书不中用者尽去之"，医药、卜筮、种树之书，这些书都没有烧。从我们现在掌握的资料来看，秦始皇当时也没有严厉查禁民间的兵书，就是军事学的著作。我们通过项羽的故事、张良的故事、韩信的故事，可以认识到这一点。

项羽小时候学书不成，学剑又不成，项梁就生气了。项羽说，他要"学万人敌"，于是项梁就教项羽兵法。他们是落到民间的楚国贵族，他们在民间可以传授兵法。

张良的故事我们也都知道，张良曾经在桥上碰到一个老头，老头把鞋子踢到了桥下，让张良给他捡上来。张良很不情愿，但是看他年纪这么

清人绘项羽像

大，还是给他捡上来了。老头对张良说，孺子可教矣，五天之后天刚亮的时候，你在这里等我。但是，连续几次，张良都迟到。最后张良不到半夜就去了，等了一会儿，老头来了，送了他一部书，说读了这书，就可以做王者师。天亮以后，张良一看这书，是《太公兵法》。他非常重视这部书，"因异之，常习诵读之"，学习了这部兵法。这也是兵法书在民间仍然得以流传的一个实例。

韩信的故事是，韩信和赵国作战，赵国有一个叫成安君的人，他说"吾闻兵法十则围之，倍则战"。他在讨论和韩信作战的策略时，讲到了兵法。韩信击赵，采用背水之阵，对方的士兵就笑起来，说汉军的将领不会列阵。大家都嘲笑韩信，他自己的部下也有一些疑惑，但是最后战胜了赵国，他手下的将士就问他，兵法告诉我们"右倍山陵，前左水泽"，现在你让我们背水陈，我们都不理解，但是最后竟然战胜了对方，这是什么原因呢？韩信说，这在兵法里已经写了，你们读兵法读得不仔细，兵法说"陷之死地而后生，置之亡地而后存"。大家都非常佩服韩信的见识。这个故事告诉我们，赵国的成安君甚至士兵都懂得兵法，韩信的部下也熟悉兵法。

所以，后来人写诗说"枉把六经灰火底，桥边犹有未烧书"，说的就是张良的故事，没有烧的兵书仍然在流传。后来有人说"夜半桥边呼孺子，人间犹有未烧书"，这也是说张良的故事。有人就此分析说"兵家言原在'不燔'之列"，兵家的书当时并没有要求都要烧掉。

重视实用之学是秦文化的一个特征，当时对理论性强的学说是有所鄙薄的。秦始皇说"难施用"，不中用之书，就是看不起这种学术风格。另一方面，秦取得的政治成功和秦文化高度务实的倾向有直接关系，就是在特定的历史条件下，这种高度务实、求实、讲究实用的倾向有它积极的作用，在一定的历史时期表现得非常鲜明。

大泽乡暴动

文：王子今

秦王朝表现出非常高的行政效率，做了很多大事。秦有成败，有得失，这一节我们对秦的行政史上的败笔进行一些分析。秦实施了很多规模非常宏大的工程，秦的工程史也是需要认真研究的，秦的工程史也有它的历史教训，最后导致的反秦暴动也是本节要进行重点介绍的主题。

不施仁义，攻守同术

对秦的得失讨论得最有特点的当数汉初的一位思想家贾谊。贾谊对秦政的经验与教训进行总结的时候，写了一篇《过秦论》，这是千古经典。其中对秦最终失败的分析说得很透彻、很到位，他说"仁义不施而攻守之势异也"。就是说，秦的失败，原因在于没有推行儒家学说倡导的仁义原则，而且没有注意到攻与守的历史大趋势是不同的。贾谊说"夫并兼者高诈力，安定者贵顺权"，就是说在兼并扩张的时候，要重视诈力，重视计谋，重视军事强权、军事强势地位的生成；在政权稳固之后，则应当调整政策。"取与守不同术也"，取天下和守天下，就是我们通常所说的打天下和坐天下，其原则是有所不同的，其政策取向是有所不同的。

贾谊像，出自《历代名臣像解》

他说"秦离战国而王天下"，秦国已经迈出了战国历史阶段，开始统治天下了，开始统治整个原先分裂为各国的行政空间了，但是它没有根据这个变化做出相应的政策调整，"其道不易，其政不改"，执政原则没有改变，"是其所以取之守之者无异也"。在秦王朝的执政者看来，取天下和守天下，或者说打天下和坐天下没有区别，这就是一个政治判断、政治决策的失误。政策调整没有及时进行，这是一个很大的问题。

失败的关东政策

另外,如果对秦代的社会状况进行具体分析,我们就可以看到,秦王朝对关中秦国本土和关东六国故地实行不同的政策,就是对本土、根据地实行一种政策,对新占领区、新征服的地方实行另一种政策。可以说,秦王朝关东地区统治政策的失败,是秦短暂而亡的一个重要原因。秦王朝的行政制度,总的来说是以秦人对关东地区的征服、压迫、奴役为基点的,是以秦人对东方地区的控制为前提的。《汉书·食货志》告诉我们,秦时力役"三十倍于古",就是征发老百姓的徭役,强度超过古代30倍,这是当时人民感受到的最沉重的压迫。我们从这些服役者的身份和地区分布可以了解到,承受繁重徭役负担的主要是关东人,是来自新占领区的人。一些材料记载,"输将自海上而来","转负海之粟,致之西河",把东方的粮草送到西北方的边界去,"天下飞刍挽粟……转输北河"。从哪儿运过来呢?"黄、腄、琅邪负海之郡",就是从今天的山东沿海地方而来。这样的记载很多。

秦始皇即位之后,开始修建他的骊山陵墓。统一天下之后,"及并天下,天下徒送诣七十余万人",这里所说的天下指的是关东地区。再比如"徙天下豪富于咸阳",这里的"天下"当然不包括咸

骊山下的秦始皇陵

阳，说的是东方地区。"徙天下不轨之民于南阳"等等，这些地方所说的天下指的都是东方地区。刘邦曾经押解囚徒到骊山来，而英布也曾经"论输丽山"，这都是文献里可以看到的典型例证，到这里来服役的都是东方人。

陕西临潼秦始皇陵西侧有一个地方叫赵背户村，考古工作者在这里发掘了一处修建秦始皇陵劳役人员的墓地，里面有19个死者，之所以能确定死者的身份，是因为发现了瓦文墓志。19个人的信息都写在陶片上，上面简略地刻着这个人的姓名、身份、出身、家乡在哪里。这19个人中，标明籍贯的14个人都属于原来的三晋地方，齐国、鲁国和楚国故地。进行勘察和清理的考古工作者告诉我们这样的结论，瓦文与记载相互参证，说明修建秦始皇陵的大批刑徒都是从原山东六国招调而来的。秦二世后来修阿房宫，命令"咸阳三百里内不得食其谷"，就是各地都要送粮食来，都要自己带着粮食来，咸阳三百里外也主要指的是关东地区。

项羽在巨鹿之战中战胜章邯军之后，率领秦的降卒向关中进发，到达新安地区，坑杀了章邯军降卒20多万人。事件的起因就在于项羽率领的关东诸侯联军对秦人持怀疑和歧视的态度。而"诸侯吏卒"，他们过去曾经在秦中服徭役，"秦中吏卒遇之多无状"，秦中的官兵对他们予以迫害和歧视，就是秦人自己不负担繁重徭役，和关东人形成了鲜明对比。秦人产生的一种地方优越感和特权观念更激发了关东人的复仇心理，这是秦政的又一大弊病。我们可以看到，秦始皇时代，秦帝国的反抗力量主要在关东活动，所以叫作"关东盗""关东群盗"。

我们看到，关中地区其实没有燃起过一星反抗的火花。秦始皇曾经"夜出逢盗兰池"，这是在秦始皇三十一年，就是公元前216年。"始皇为微行咸阳"，他没有暴露自己的皇帝身份，像平民一样出来散步，因此这个事件体现的应该不是一个反秦的政治事件，而是一个地方治安事件，并没有政治上的反秦的性质。关中居民对秦帝国没有关东人那么强烈的反抗意识。所以，贾谊这样说，司马迁也同意，就是秦王朝在秦二世之后的继承人子婴，如果有中等人的才能，又能得到中等才华的人的辅佐，"山东虽乱，秦之地可全而有，宗庙之祀未当绝也"，他就可以保全秦国的存在，祖宗的祭祀也不至于断绝。当时关中地区非常富有，所谓"秦富十倍天下"。刘邦的部队到了霸上，老百姓给他送一些慰劳的物品，他都谢绝了，他说"仓粟多"，"不欲费人"，粮库里的粮食非常充足，不用劳累你们，不用花费你们的钱财。关中经济的丰饶和富足与关东经济的凋敝残破，在经济实力上形成了鲜明对比。虽然秦人多年奖励耕战是一个成功的因素，但是秦王朝在关中与关东实行的政策有明显区别，也是秦亡的重要原因之一。所以"天下苦秦久矣"，最后发生反叛、暴动，这个最赋有号召力量的口号的意义也是有地域性局限的，这里所说的"天下"指的是关东地区。

秦王朝关东政策的失败，应该说是秦覆亡的一个主要原因。

大兴土木，耗费民力

秦朝喜欢经营大规模的工程，这也是值得分析的。秦人好大喜功，我们可以看到今天考古发掘的规模最大的陵墓就是秦景公的墓葬，在陕西凤翔，其他国家没有这么大的陵墓。

秦穆公接待戎王的外交使臣由余，请他参观"宫室、积聚"，就是参观宫殿区和粮仓。由余看了以后感叹说规模太大了，太豪华了，太宏大了，他说"使鬼为之，则劳神矣。使人为之，亦苦民矣"，这样的工程，就是让鬼神来做也会累坏的，让老百姓来做，民众的压力实在是太大了。但是，秦人就是有这样的传统。秦始皇在统治的最后几年组织了几项大规模的土木工程，筑长城，为直道。长城一万多里，直道的工程"堑山堙谷"，司马迁看了以后，也说"固轻百姓力矣"。阿房宫的工程是没有完成的一个宫殿建筑体系。按照《史记》的记载，关中地区有宫室300处，关外有400多处，这些工程调用的民力是非常惊人的。

秦始皇陵，也就是骊山工程，组织了数十万人力紧张施工。据史书记载，这项工程使用的人力多达70余万人。但是，究竟有没有可能有这么多人来从事这项工程的施工？我们对秦始皇陵的土方工程量进行了测算，这是有史书记载的，今天秦始皇陵的封土依然存在，只不过因为2000多年的风雨冲刷，它的高度降低了。虽然它的面积增大了，向四方扩展了，但土方量大致还是可以测定的。我们知道，秦始皇入葬之后，上面夯土的修筑有确定的工期。秦始皇在某个日子入葬，史书有记载，而司马迁在《史记》中也记载，秦二世说"郦山事大毕"，骊山这个工程基本完成了，他要调用这些劳役人员去修阿房宫，这个时间也是确定的。这就告诉我们秦始皇陵上面的夯土堆的施工工期，古时叫作"复土"，就是把土填回去，再把它夯筑起来。复土工程的工期我们知道了，土方量我们也知道了，我们现在不知道的是劳动生产率，就是当时一个工人每天要做多少土方量的劳作。

工程的"程"字在秦汉时期专指劳动定额，汉代的《九章算术》对"程"有非常明确的记载，我们相信这个记载大体是真实的，因为它非常细致，甚至有冬程和夏程的区别，冬天白天时间短一些，做的劳务的工作量就少一些，而夏天白天时间长一些，工作量就远远高于冬程。

我们根据《九章算术》里提供的数据来换算，可以知道秦汉时期一个劳工每天的工作量是挖土五六方之多。另外还有夯土的工作量，也有具体的记录。至于运土，要根据运送的距离来算，也有一定的定额。我们根据这个劳动生产率来测算，可以知道秦始皇陵复土工程的用工人数竟然确实是70万人左右。秦始皇过度使用民力，使得民众疲惫不堪，最后导致了民众暴动。

迟到即死罪

陈胜吴广起义的社会背景是"天下苦秦久矣"，直接诱因是陈胜、吴广他们到渔阳去服役，"会天大雨，道不通，度已失期"，而失期，"法皆斩"，就是不能准时到达服役现场，按照当时的法律，就要杀头，于是他们被迫发起暴动。

对于这个情节，近年来也有学者提出质疑，因为他们认为根据睡虎地秦墓出土的竹简《徭律》里的记载，碰到下雨的情况，有些工程可以取消。他们认为当时没有什么失期当斩的法律，只不过是陈胜、吴广他们要发动民众，进行宣传鼓动所采取的一种说法而已。但是我们考察历史，可以知道秦代的徭和行戍是不同的，就是去做一般的工程和到前线去作战是不同的，秦代制度"失期，法皆斩"的记录应当是可信的。张家山汉简里有关于兴律的内容，说到如果没有按时到达，就要有惩罚措施。

我们看到明确的关于军法的记载，自战国以来就有"失期，法皆斩"这样的严厉规定。《史记·司马穰苴列传》记载，齐国的将领穰苴要求齐王给他派一个监军来，齐王便派他的一个亲信去，于是穰苴和这个人约定第二天什么时候要在部队会面,结果这个人因为朋友为他送行喝酒来晚了,穰苴就真的按照军法砍了他的头。在汉代的记录里,失期应当处以杀头之刑,我们看到张骞、李广以及其他一些将领都受到过这样的惩罚,不过他们用钱财来赎罪,免除了死刑。

还有一个故事,就是秦汉之际,彭越在参与反秦暴动的时候,有一些人来拥戴他,让他做首领。他起先拒绝,后来大家执意请求,他才答应,并约定了一个集合的时间,结果有十几个人没有按时到达,就是所谓的失期。彭越说,按照军法,你们都应该被杀头,但是不能都杀,就杀掉来得最晚的那个人。这个故事也告诉我们,在秦汉时期,的确有"失期,法皆斩"这样的军法,不要轻易质疑。

我们在分析这个事件以及秦末政治变局的相关历史迹象时,要注意到秦政对战争年代的军事管理传统的沿袭,仗打完了,但是国家还在实行对社会的全面军事管制,人们习惯于用军法里的那种严厉的思维来约束自己。秦人没有在取天下和守天下这个转折发生之后,及时地调整政策,就是说秦人在以战争方式、以暴力手段实现统一以后,仍然长期以军事管制的手段维护着军事征服的战果,用这样一种控制方式来管理国家、管理社会、管理民众,最终导致了政权的覆亡。

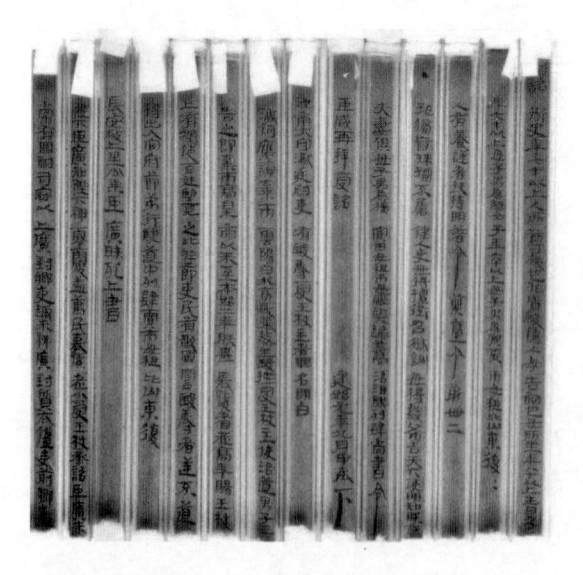

张家山汉简

楚汉春秋

文：王子今

秦汉之际，刘邦集团和项羽集团进行军事争斗和政治抗争的历史进程，大家都比较熟悉，就中国古代历史在民间的普及程度而言，这段历史的普及度也是比较高的。象棋棋盘上的楚河汉界就是从这里来的。

刘邦入关与"鸿门宴"

我们用"楚汉春秋"作为这一节的标题。《楚汉春秋》是一部记述这段历史的书，但是现在我们已经看不到了。给《史记》作注的三

刘邦像

位学者曾经引述这部书达37次，为《汉书》作注的颜师古注引《楚汉春秋》16次，《史记》《汉书》的注文里对这部书的引用达53次。《楚汉春秋》主要记录了刘邦和项羽进行竞争的这段历史。

刘邦和项羽都是楚怀王手下的军事领袖，他们曾经是战友。楚怀王命令项羽去救援赵国，发起了所谓的巨鹿之战，而刘邦这时候率领部队向关中地方进军。刘邦在向西挺进的过程中，没有遇到非常强烈的抵抗，他的作战策略也比较聪明，一路招降纳叛，允许对方投入自己的部队。比如他在南阳地方就曾经取得了这样的成功，进入武关道，就是沿着丹江通向商洛的这条道路，古时称为武关道，这条道路曾经是秦楚之间长期争夺的交通要道。商鞅的封地就在这条通道上，就是今天陕西丹凤县西的古城村，也就是当时的商城，考古学者已经对此进行过发掘。后来秦始皇出巡的时候，曾经走过这条道路，是一条非常重要的交通干线。据说赵高杀掉秦二世后，曾经派使者和刘邦联络，愿意和刘邦中分关中。但是刘邦没有响应这个建议，而突袭攻入武关，又和秦军在蓝田以南进行了一次战役，大破之。刘邦的部队较早地进入了关中，秦王子婴向刘邦投降。子婴是赵高杀掉秦二世以后拥立的秦国的君主，因为当时东方的反秦武装力量气势非常汹涌，赵高说"宜为王如故"，秦统一的大势已经被破坏，历史已经回到统一之前的那个阶段，你就做秦王，不要再试图做秦皇帝了。秦王子婴向刘邦投降后，有人建议杀掉子婴，刘邦说人家已经投降了，"又杀之，不祥"，拒绝了这个建议。

秦王子婴后来被项羽所杀。杀降不祥的这个言论被刘邦比较正式地公开发表，这在当时是一个历史性的进步，体现出社会生命意识的一种觉醒。我们知道，秦国的上将军白起在长平之战中坑杀了赵军的降卒40万人，项羽又在新安坑杀了秦的降卒20万人，而刘邦提出了"人已服降，又杀之，不祥"这样的理念，应当是比较前卫、比较先进的，比较符合社会尊重人的生命的这种意识。

刘邦入关以后，约法三章，"杀人者死，伤人及盗抵罪"，约定了这样的刑法，这是司马迁在《高祖本纪》里的明确记载。但是，我们不要以为西汉的法律就是如此简单，如此简略，这是刘邦入关之后为稳定地方秩序采取的一个权宜之计。因为秦法非常严酷，刘邦宣布"悉除去秦法"，只要求用这三个原则来维护社会的稳定。但是我们看到，江陵张家山汉墓出土的汉简《二年律令》，很多学者认为是吕后二年（公元前186年）的法令，它的内容和秦法的很多内容是相互衔接的，是相互类同的。

刘邦还有一个做法，就是"诸吏人皆案堵如故"，过去的官员依然留用，这个做法是比较明智的。"使人与秦吏行县乡邑"，把自己的政治决策通告给民众，就是秦国原有的官员依然为刘邦的政治权力服务，于是"秦人大喜"，"唯恐沛公不为秦王"。

和刘邦形成政治对阵的就是另一个重要人物项羽。唐人章碣写诗，诗题叫作《焚书坑》："竹帛烟销帝业虚，关河空锁祖龙居。坑灰未冷山东乱，刘项元来不读书。"诗作讲述了秦末的历史，楚汉战争的历史，"刘项元来不读书"这一句就是说这样两个伟大的英雄结束了秦的历史。刘邦先入关，在函谷关设防，但是项羽无视原先的约定，就是"先入定关中者"为关中王这个约定，率军突破关防。他以上将军的身份入据关中，40万部队囤聚在鸿门，刘邦的部队10万人在霸上集结。项羽听说刘邦占有了秦宫的珍宝，准备在关中建立政权，并且准备任用秦王子婴做相，于是大怒，接受了谋臣范增的建议，准备发兵击灭刘邦。刘邦得知这个消息以后，亲自到鸿门项羽的帐下谢罪。在著名的鸿门宴上，刘邦以非常谦恭诚恳的态度，同时借助他的助手张良的机智，还有樊哙的刚勇，使项羽否定了范增当场击杀他的建议。

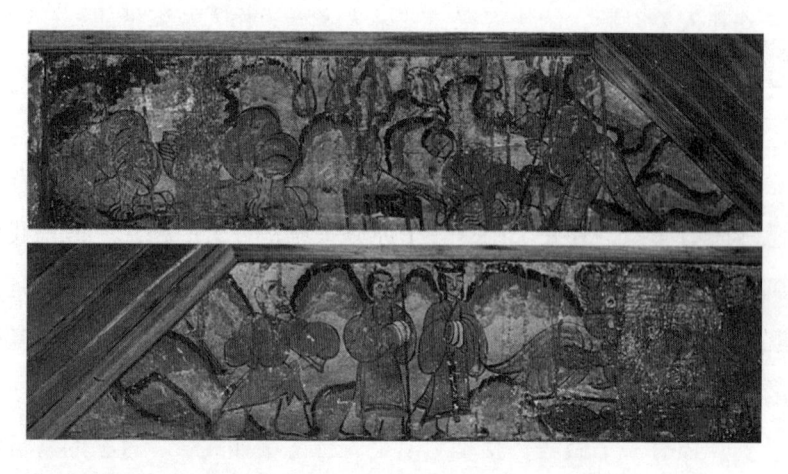

鸿门宴图，西汉壁画，现存洛阳古墓博物馆。左上第一人褐衣者（坐者，身体向后仰）即为刘邦

楚汉相争

我认为可以这样总结，从鸿门到鸿沟，刘项两个集团进行了智与力的较量。项羽自立为西楚霸王，分封了十八诸侯，刘邦的封地在巴蜀、汉中，行政中心在南郑。为了防止刘邦北上，项羽三分关中，把原来的秦地分成了三个国家，章邯为雍王，司马欣为塞王，董翳为翟

王。项羽处死了秦的降王子婴,火烧秦宫室,这种简单化的、粗暴的政治方式引起了秦人的惶恐不安。对于刘邦和项羽政治风格的区别,王夫之在《读通鉴论》里有这样的感叹:"项羽之暴也,沛公之明也",项羽显得比较粗暴,刘邦表现得比较开明。刘邦用张良制定的战略,从故道北上,就是所谓的暗度陈仓,平定了雍地,随后塞王、翟王、河南王都相继投降。

刘邦平定了三秦以后,给项羽写了一封信,表示我只是遵照原来楚怀王就是义帝的约定,我只要控制关中地方,不会继续东进。项羽被这种假象迷惑,并不以刘邦为主要对手,首先部署在齐地用兵。刘邦又听从萧何的建议,破格提拔了一个普通军官韩信作为独当一面的主将,让他平定韩地。随后刘邦渡河征服了西魏地区,又占领了河内。刘邦到洛阳为义帝发丧,据说义帝是被项羽谋杀,刘邦在这里以诸侯首领的身份做了攻击项羽的政治动员。刘邦率领诸侯联军56万人全力伐楚,攻破了项羽的政治中心彭城,项羽率领3万精兵迅速回军反击,大破刘邦军。

据说刘邦军死了20多万人,刘邦本人仓皇西逃,他的父亲太公、妻子吕雉都被楚军俘获。这个时候,大多数诸侯又背汉亲楚,在刘邦和项羽两个集团之间又开始倾向于项羽。刘邦后来退到荥阳一带,收拾残部。他得到了萧何组织的关中人力的补充,军势大振。楚汉两军在荥阳以南相互征战,应当说互有胜负。刘邦用计使得项羽猜忌疏远范增,范增辞职,愤而还乡,在回家的途中去世了。

项羽的部队和刘邦的部队在成皋、荥阳、广武,大致在今天河南的巩义、荥阳一带反复攻守,长期相持,最后约定中分天下,就是鸿沟以西是刘邦的地方,鸿沟以东是项羽的地方。这也许可以看作历史的巧合,鸿沟一线划分的战略形势恰巧和秦始皇即位的时候秦与其他六国的政治军事形势相似。

秦当时由西向东以武力实现了统一，应当说刘邦重演了这个历史过程。后来阮籍曾经走到了楚汉两军相持的地方，"尝登广武"，看到了楚汉的古战场，他感叹说"时无英雄，使竖子成名"。有人说这句话是嘲笑刘邦的，但是也有学者分析，认为阮籍是感叹自己生活的时代没有刘邦这样的英雄。

垓下之围

两方商定以鸿沟为界，停战息兵，但是张良建议刘邦应当乘势攻击项羽。在项羽退兵的过程中，刘邦部又向项羽发起了军事攻击，随后就有了垓下决战。当时汉军和诸侯兵"围之数重"，几重包围，"夜闻汉军四面皆楚歌"，项羽大惊，说"汉皆已得楚乎？是何楚人之多也"，他们是不是已经占领了楚地，为什么楚人这么多呢？

于是项羽夜间起来在帐中饮酒，和美人虞姬分别。关于项羽在垓下临近失败的具体情节记述，有学者说和巨鹿之战、鸿门宴一样，是"史公《项羽纪》中聚精会神，极得意文字"。这是清代的一位外交家、学问家郭嵩焘在他写的《史记札记》里说的。霸王别姬的故事在宋代杂剧里已经成为有影响的剧目，《霸王垓下别虞姬》是元代的剧作，现在的京剧剧目里有《霸王别姬》，也应当来源于此。

乌江自刎

项羽从垓下突围,迷失道路,问道于一个耕田的老者,对方说向左走,于是他就向左走,结果"陷大泽中"。后来汉军的追兵追了上来,这个时候他只有28个骑兵跟随,而汉军的骑兵追击者有数千人。项羽最后也有非常勇敢的表现,他把自己的部队分成四队,向四个方向突击,而且他在突击过程中还斩杀了汉军的一个将军。这样的战绩,在军事史上是非常引人注目的。

后来他不愿意渡江,本来准备东渡乌江,乌江亭长已经准备了船,对他说"江东虽小,地方千里,众数十万人",你可以在那里做执政者,希望你赶快渡江。项羽感叹说"天之亡我,我何渡为",我带着八千江东子弟渡江而西,今天没有一个人回来,"纵江东父兄怜而王我,我何面目见之?"。于是把他的那匹已经为他服务了五年、所向无敌、曾经日行千里的战马送给了这位亭长,又和汉军的追兵决战,身受十几处创伤,最后自刎而死。

京剧《霸王别姬》,梅兰芳饰虞姬,杨小楼饰项羽

卷土重来？

项羽最后还说，天亡我，非用兵之罪也。项羽这个感叹，司马迁认为是英雄短见，是他的一个错误判断。对于项羽之死，李清照有诗说："生当作人杰，死亦为鬼雄。至今思项羽，不肯过江东。"唐代诗人杜牧有一首诗叫《题乌江亭》，他认为项羽当时如果渡江，可能还会有新的机会。他说："胜败兵家事不期，包羞忍耻是男儿。江东子弟多才俊，卷土重来未可知。"这是另一种历史判断。而王安石在乌江的项王庙题诗，则体现出不同的历史观，他说："百战疲劳壮士哀，中原一败势难回。江东子弟今虽在，肯为君王卷土来？"仗已经打了很多年，人民的伤亡非常惨重，中原一败，大势难回，虽然江东子弟有很多人力物力，但是他们愿意为你卷土重来吗？

有研究者说王安石"反樊川之意"，他和杜牧的历史推想不一样，似乎是争论卷土重来不能实现，但是"终不若樊川之死中求活"，不如杜牧这首诗写得另有意境，死中求活，有一个大的转折，体现出深沉的意境。

从陈胜吴广起义到刘邦在垓下击灭项羽军，有七年时间。在这个时期，历史有非常生动的变化，许多英雄志士有声有色的历史表演使得秦汉之际的社会文化面貌显得活泼，显得丰实。秦亡之后，以刘项为主的两个强权集团之间的军事竞争终于使其中一个强大的政治组合，就是刘邦集团取得了主宰天下的权力。这就是称作"汉并天下"的历史变化，一个新的历史时代出现了。

汉并天下

文:王子今

汉高祖刘邦平定天下、建立西汉王朝的历史进程,我们称为"汉并天下"。

"汉并天下"是我们常常见到的汉代宫殿瓦当上的文字。瓦当是汉代建筑屋顶上铺设的筒瓦最前端的瓦片,上面一般有非常精美的图案和文字。我们常常看到的刻着"汉并天下"的瓦当,它的文

"汉并天下"瓦当

字形式并不完全一样。这个事实告诉我们,汉代有多处建筑同时使用了这样的瓦当。"汉并天下"也是新立国的西汉政权向世界的宣告:一个新的历史时代开始了。应该说,这标志着楚汉相争的历史阶段的终结。项羽作为最后一个贵族英雄,他的人生悲剧走到了终点;而刘邦作为中国历史上第一位草莽帝王,他开创了新的历史格局。

贵族制度的瓦解

我们说刘邦是中国历史上第一位平民皇帝,第一位布衣皇帝、草莽皇帝,这意味着自战国以来的贵族政治体系已经开始动摇。从前是贵族时代,先秦时期都是祖上有什么地位,子孙就继承什么地位。但是到了战国时期,这种制度已经开始动摇,我们知道在秦国服务的一些有影响的政治人物,比如商鞅、李斯,他们的出身并不高贵。就是说,原有的贵族政治体系开始动摇,但秦国的最高执政者仍然是继体之主,他仍然是有高贵血统的君王世家中的人。按照清代史学家赵翼的说法,"虽无世禄之臣,而上犹是继体之主也",大臣可以是以平民身份进入执政集团的上层,但君王仍然是君王这个家族的人。到了汉初,到了刘邦时代,到了汉并天下的时代,按照赵翼的说法,叫"天意已另换新局",一个新的政治局面出现了,一个新的政治体制开创了,"天之变局,至是始定"。

一个政治史上的重大变化在这个时候开始实现,新的贵族在高度集权的中央政府统治下,其权位随时可能被解除。就是说,一旦你犯了错误,犯了罪,冒犯了最高执政者,你高等级的身份可能马上就没有了。三代贵族社会继承下来的旧传统被改变,后来人才的选用出现了推荐制，通过选举、科举等各种各样的方式来选用人才，不再是你的祖上地位高，你的地位就高了。

刘邦的早期反秦活动

下面我们介绍一下刘邦在芒砀山区从事的早期反秦活动。刘邦以亭长的身份为县里向关中押送刑徒，目的地是骊山，但是途中刑徒不断逃亡，估计走到关中的时候，就逃光了，于是在"丰西泽中"，就是丰这个地方以西的沼泽中，在这里停下来喝酒。酒后，夜里，他把这些刑徒全都放了，说你们都走吧，我从此也消失，"吾亦从此逝"。就是说他退出这个体制了，他过去是一个亭长，是一个基层官员，现在他不能再回去了，他就流亡在外，脱离体制了。当时这些刑徒中，有十几个壮士愿意追随他。

随后发生了一个故事，刘邦酒后在泽中行走，派一个人在前面探路。走在前面的这个人汇报说前面有一条大蛇横在路上，咱们还是往回走吧。刘邦喝醉了，说："壮士行，何畏！"于是上前拔剑把这条蛇斩断了。又走了几里路，因为醉酒卧倒在地。后面的人来到斩蛇的地方，看到一个老太太在哭，有人问她为什么哭，她说有人把我儿子杀了，所以我哭。你的儿子是怎么被杀的？老太太说，我的儿子是白帝子，化身为蛇，横在道上，被赤帝子斩了。大家正在怀疑这个老太太说的话是不是真的，忽然发现她已经消失了。走在后面的人把这件事告诉了刘邦，刘邦暗自高兴，"自负"，自以为他是赤帝子，自以为他的身份非常高，追随他的人因此对他更加敬畏。这当然是一个传说，斩蛇的故事是可能发生的，但白帝子、赤帝子的传说应当都是权力者的政治宣传。因为斩蛇的故事，后来就有了对斩蛇剑的一种崇拜。

刘邦做了皇帝以后说，我是以布衣的身份提三尺剑取天下，后来又有七尺剑的说法。虽然说法不同，但是都表明刘邦起事的时候使用的这件兵器成为一种宝物，一种崇拜的对象、权力的象征。后来在西晋时代，曾经发生过一次火灾，有几件器物损毁了，一件是孔子穿的鞋，一件是刘邦的斩蛇剑，还有王莽的头，应当是王莽的头骨，这都是西晋皇家博物馆收藏的宝物。这告诉我们，后人认为刘邦的斩蛇剑具有神力，是一件宝器。

秦始皇曾经注意到"东南有天子气"。当时传说有一种望气的技术，这种所谓的天子气，今天看来当然是和科学理念完全不符的概念。秦始皇经常向东方行走，东方巡行"以厌之"，要镇服这种天子气。刘邦这个时候就隐匿在芒砀山泽岩石之间。这里又出现了一个传说，吕后来找他，经常可以轻易地找到他。刘邦就很奇怪，说我藏在这么隐秘的地方，你怎么一找就能找到我呢？吕后说，你住的地方空中经常有云气，有文献记录说是有紫气，所以我从很远的地方就能找到你。刘邦又暗自高兴。这个传说传播开来以后，追随他的人更多了。这当然是吕后和他合作编造的一种政治宣传。我们可以注意一下，刘邦隐于芒砀山泽岩石之间，这个地方在今天的河

汉代玉印——皇后之玺，据推测可能是吕后生前所用的印章

南永城一带。陈胜吴广暴动发生之后,刘邦就在这里出现,参与了反秦的武装斗争,占有了沛这个地方。沛地的民众为什么愿意追随他?"平生所闻刘季诸珍怪",因为大家听说刘邦有一些很奇怪的传说,显示出这个人的神圣和高贵,所以大家就愿意追随他。

后来刘邦成为沛公,就是以沛作为反秦的根据地。他举兵的时候祭祀黄帝,祭祀蚩尤,蚩尤是一个战神,军人会祭祀这个对象。同时"衅鼓旗",当时刘邦军队的旗帜采用的是红旗,旗皆赤,为什么呢?就是因为在斩蛇那个传说里,他所杀的蛇是白帝子,杀蛇的人是赤帝子,赤就是红色,所以崇尚红色。

"泽"的生态地理学记录

关于刘邦早期活动的故事,芒砀山泽值得我们注意。他在押送刑徒的时候,在丰西泽中停下来喝酒,把这些刑徒都放走了,借着酒劲"夜径泽中",后来他藏身的地方在芒砀山泽岩石之间。他的早期生活经历里频繁地出现"泽"。泽,沼泽、湿地,湖泊密集的地方,这对于我们认识当时的生态环境也是有帮助的。在战国到西汉时期,我们这片国土的气候比现在温暖湿润,生态条件与今天有所不同,使得我们可以认识到当时的植被、当时的水资源状况与今天也是有所不同的,当时泽的密布是超出我们今天的认知的。陈胜吴广发起暴动的地方在大泽乡,这个乡的名字叫作大泽,不会和泽一点关系都没有。彭越,刘邦的主要战友之一,曾经"渔钜野泽中,为群盗",他开始举起反秦旗帜的时候,也是在巨野泽中。

也就是说,在秦末时代,黄河下游和江淮平原地方有很多泽分布着，这些泽的分布体现出当时区域环境的特点。我们讲项羽的故事时，大家也应当注意到一个情节，项羽突围，走到阴陵这个地方迷路了，问路于一个种田的老头，对方说向左走，于是向左，"乃陷大泽中"。这是交通不方便的地方，所以被汉军的追兵追上了。这里也出现了泽。有的历史地理学者，比如邹逸麟先生，曾经讨论先秦西汉时期湖沼的地域分布和特点，他说当时见于记载的湖沼有40多处，黄淮平原就有33处。这和我们今天看到的安徽北部、江苏北部、河南东部，还有山东的西南部，就是黄淮海平原的地貌特征是有所不同的。

改朝换代的三种模式

刘邦创立了一个新的王朝，他的干部队伍，他的主要战友、主要助手都是平民，称作"布衣将相之局"。清代学者赵翼讨论这种现象的时候说，刘邦功臣集团的主要构成是平民，樊哙是杀狗的，有的人是赶车的，有的人是卖布的。除了张良的身份高贵以外，其他主要功臣都是平民出身，所以赵翼说是"布衣将相之局"，而刘邦本人也是平民出身。

一个王朝代替另一个王朝，大概有三种模式：一是造反，二是篡夺，三是侵灭。第一种造反就是像刘邦这样，通过反叛、暴动的方式，集聚武装力量推翻旧政权，建立新政权。第二种开国的形式是篡夺，比如王莽建立的新朝、曹丕建立的魏、司马氏集团建立的晋，都是如此。第三种情况是侵灭，就是一个外来的政治势力战胜了原有的政治势力，比如蒙古帝国灭掉了南宋、清人入主中原，都是这样的形式。

应当说，有多少代王朝，就有多少部开国史。我们进行开国史的个案分析，可以知道刘邦建立西汉帝国是开国的第一种模式，造反取得了成功。中国历史上，这是造反第一次取得成功，后来唐王朝、明王朝都是通过这样的方式来建国的。王莽建立新朝是篡夺的一个典型例证，而从成吉思汗到忽必烈就是通过侵灭的模式取得了统治中原地方的权力。

宋代学者叶適在读《史记·项羽本纪》的时候发表感想，说"空诸侯之国而得天下者，秦也"，灭掉各个诸侯国得天下的是秦，但是"驱天下之人而亡天下者，亦秦也"，残酷地对待天下之民，最后亡天下的也是秦，"秦自以灭六国无与敌，及其败也"，实际上秦的灭亡是"黔首化为盗贼，亡之"，就是老百姓造反推翻了它。他说从这以后，有很多王朝被社会民众的暴动推翻了，这是"群盗亡者"，就是我们刚才说的造反立国的形式。叶適说亡国还有一种形式，就是敌国，"次则夷狄"，敌国就是我们所说的侵灭的方式，敌对国家战胜了你，征服了你。还有一种方式就是卒伍，"次则卒伍"，卒伍就是我们所说的篡夺的方式，就是你的部下顶替了你，控制了你，战胜了你。他说"后之有天下者，谨备三者而已"。这三种方式，和我们分析的是一样的。

英雄歌哭：刘项的表情

文：王子今

司马迁像

　　刘邦和项羽这两个人物的对比，在《史记》里非常明显。我们看这两个人的人生：项羽是最后一个贵族，刘邦是第一个平民皇帝。他们是怎样感动了司马迁，而司马迁又是怎样通过他具有神力的一支笔，使得千百年来一代一代的读者感受到历史的神奇脉搏的？

令史公心折的项羽

项羽这个人物，司马迁在《史记》里是给了他很高的地位的。在《史记》里，本纪这种文体是写皇帝的，但是项羽被列在了本纪里，所谓项王以本纪为名。后来的很多研究者对此有过议论，司马迁为什么这么做？司马迁怎么看待项羽这个人物？有人认为，项羽的功业和历史表现是配得上本纪这种文体的。对于项羽这个人物，司马迁在《史记》里是对他予以相当多的同情的，人物性格也描写得非常细致、生动，非常感动人心。

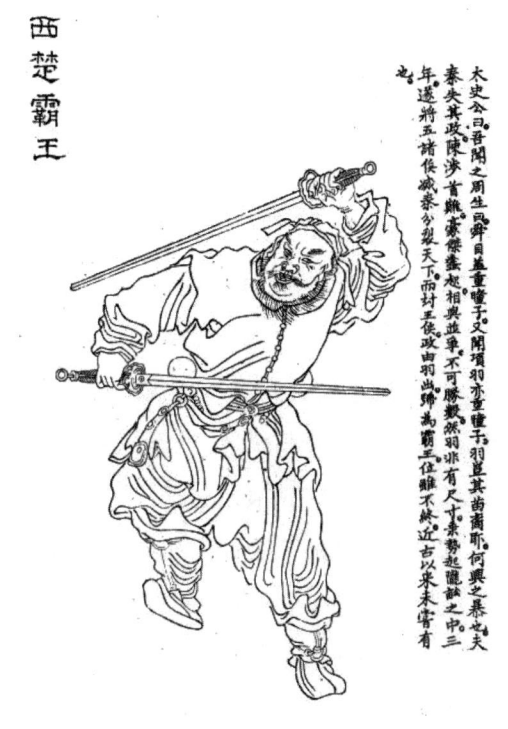

项羽像，出自清代画家上官周的《晚笑堂画传》

有人说司马迁使用了所谓的雄伟笔力来写项羽的故事，把他和三皇五帝并列，在古书里这样做的人是很少的。也有人评价说，巨鹿之战是项羽最得意之战，所谓破釜沉舟，所谓以一当十，这些成语都出自司马迁对巨鹿之战的描绘。巨鹿之战是项羽最得意之战，也是太史公最得意之文。

明代一位叫唐顺之的《史记》研究者说，《垓下歌》悲壮呜咽，与《大风歌》各自摹写帝王盛衰气象。《垓下歌》是项羽四面楚歌，人生走向底端的时候，酒后歌唱的。《大风歌》的创作背景是刘邦回乡，政治上取得空前的成功，最高兴的时候。所以说是帝王盛衰气象，一盛一衰。我们来读一下《史记》的原文，《史记》记录《垓下歌》说："项王乃悲歌忼慨，自为诗曰：'力拔山兮气盖世，时不利兮骓不逝。骓不逝兮可奈何，虞兮虞兮奈若何！'歌数阕，美人和之。"随后太史公写道："项王泣数行下，左右皆泣，莫能仰视"，周围的人都沉浸在哀痛中。

而刘邦回乡，回到沛地，非常高兴。"高祖击筑"，他亲自演奏乐曲，"自为歌诗曰"，这就是著名的《大风歌》，"大风起兮云飞扬，威加海内兮归故乡，安得猛士兮守四方"。他命令小孩子一起来跟着唱，随后"高祖乃起舞，慷慨伤怀，泣数行下"。关于《史记》描写项羽事迹的记录，比如描写鸿门宴的情节，有研究者说，"历历如目睹"，"非十分笔力，模写不出"，体现出书写者非凡的笔力。

项羽在《史记》里占有了本纪这样的地位，而其他一些人物，比如陈涉则列入世家，孔子也列入世家。像《游侠列传》《日者列传》也把社会上的一些身份并不高的人作为历史的主体进行了记录。

对于项羽的表现，吴见思这位学者在他写的《史记论文》里说"项羽力拔山，气盖世，何等英雄，何等力量"，而太史公"亦以全神付之，成此英雄力量之文"。这位评论家说，写项羽破秦军的地方，写项羽斩宋义的地方，写项羽谢鸿门的地方，写项羽分王诸侯的地方，写项羽会垓下的地方，"精神笔力，直透纸背，静而听之"，就好像有千军万马在行进、在战斗一样，"令人神动"。另一位叫徐与乔的学者，他说太史公写项羽，写项羽的神勇，写项羽的粗横，写项羽的妇人之仁，"尽态极"，写得非常到位、非常细致。他说写项羽的兵法，"东城一十八骑时"，只有18个骑兵的时候，项羽还把他们分为两个部分，又分为四个部分，"阵势战势，如绘神笔"，对项羽事迹的描写倾注了太史公非常的笔力。

李晚芳写《读史管见》说，"羽之神勇"，项羽的神勇，"千古无二"，而"太史公以神勇之笔，写神勇之人"，同样千古无二。郭嵩焘写《史记札记》评价，项羽自己说他打了70多场战役，而司马迁记录的只有巨鹿之战和垓下之战，一战是大胜，一战是大败。司马迁只挑了两次战役来描写这样一位军事家，但描写得非常具体生动。他说"项羽英雄，史公自是心折"，太史公对项羽是真心佩服，同时也因为好奇，"于势穷力尽处自显神通"。他说司马迁写巨鹿、鸿门、垓下三个场景，巨鹿战胜了章邯的部队，鸿门和刘邦会面，垓下最后战败，这三段是"史公《项羽纪》中聚精会神，极得意文字"，非常得意的文字。那么，司马迁对项羽有没有批评呢？

富贵不归故乡，如衣绣夜行

在《项羽本纪》最后，项羽说"天之亡我"，这是英雄短见，是司马迁对项羽的一种批评。另外还有一件我们要进行分析的事情，就是有人建议项羽定都在关中，不要回到东方去，项羽说"富贵不归故乡，如衣绣夜行，谁知之者"，他说富贵了不回故乡去炫耀一下，谁知道你富贵了？就像你穿着漂亮衣服在夜里行走一样，谁也看不见。提出这个建议的人说，有人说楚人沐猴而冠，果然如此。项羽就把这个人杀了。在《项羽本纪》里，这个衣绣夜行的说法也被大家看作项羽的一种负面的、不明智的、非常粗横、非常简单的表现。

但是，衣绣夜行这种说法不是项羽一个人说的，不是项羽一个人的见识，这在秦汉时期是大家共同认可的一个理念。我们可以看到，刘邦也说过这样的话。刘邦有一个部下叫范目，他帮助刘邦打天下，是巴山地方的人。刘邦取得天下之后，就封他为阆中慈乡侯，对他说"富贵不归故乡，如衣绣夜行耳"。

汉武帝也说过这样的话，朱买臣在汉武帝身边服务，汉武帝后来拜他为会稽太守。朱买臣上任的时候，汉武帝对他说："富贵不归故乡，如衣绣夜行，今子何如？"可见这是当时社会上通行的一种说法。

再晚些时候，在东汉初年，汉光武帝刘秀封了一个功臣，一个叫景丹的人，他是栎阳人，在今天的陕西临潼这个地方。刘秀封景丹为栎阳侯，对他说"富贵不归故乡，如衣绣夜行"，所以我把你封在你的家乡，景丹于是下拜表示感谢。

这几个故事告诉我们，"富贵不归故乡，如衣绣夜行"这样的说法不是项羽一个人的短见，而是当时社会上一种相当普遍的意识。刘邦说过这样的话，刘彻说过这样的话，刘秀也说过这样的话。《后汉纪》记载汉光武帝对景丹说的话叫作"衣锦夜行"，今天民间也常常说衣锦夜行，富贵不归故乡，如衣锦夜行。

项羽这个人物，他的政治思路，他的政治主张，并不是要和刘邦争天下，并不是要做皇帝，他从来没想过要做皇帝。有的学者认为他是要把历史恢复到秦统一之前，所以有人说项羽主政的时代是所谓的后战国时代，分封了18个诸侯，他只不过是做一个西楚霸王，并不是要做皇帝。而刘邦确实是一个明智的政治家，他看到了统一是历史的大趋势，秦人虽然失败了，但秦人建立的这样一种政治形式是合理的，是符合历史前进的方向的，于是有了汉承秦制这样的历史进步。

刘项屠城

关于刘邦和项羽的政治表现，我们读《史记》还应该注意到一件事情，这是我们需要说明的。为什么项羽失败了，刘邦成功了？刘邦以弱胜强，最后在垓下与项羽决战，逼杀项羽，建立了西汉王朝；项羽曾经威震天下，但是最终走向败亡。一些学者说项羽失败的原因是他性格暴戾，行为残虐，使得众叛亲离，日益被孤立，最后落得四面楚歌的可悲下场。不少论著都说项羽残忍暴虐是优势转为劣势的一个主要原因。有人说项羽暴虐，他杀害了秦的降王子婴，这是一种杀降行为，反映了项羽之暴。另外还有坑杀20万秦降卒的行为。还有说法说他屠城，占领一个地方以后，就把这个地方的军民都杀掉。刘邦宽恕了秦王子婴，他提出人家已经降服，再杀之，是不祥的，体现出一种进步的思路。但是，刘邦也有杀降的行为。比如东垣之战，刘邦攻东垣，打了一个月没打下来，有防守的士兵骂刘邦，刘邦很生气。后来东垣投降了，刘邦"令出骂者斩之"，命令把骂他的人交出来杀了。这也是一种杀降行为。

韩信帮刘邦分析形势的时候说"项王所过无不残灭者"，所以"天下多怨"，这是一种说法。还有说法说项羽"所过者尽屠之"。但是我们可以看到，杀降、屠城这种带有很大破坏性的行为，不是项羽一个人做的。项羽屠城的记录只有三例，就是屠城阳、屠咸阳、屠齐地。屠城阳实际上是项羽和刘邦一起做的，屠咸阳是项羽带领诸侯联军一起做的，屠齐地所得城是项羽自己做的。屠咸阳之后，刘邦还在项羽麾下的诸侯联军中，所以刘邦在数项羽的10条罪状的时候，没有指出屠咸阳这件事，他也不能完全洗脱自己。

但是《史记》里刘邦所指挥的部队屠城的记录绝不止三处。刘邦

起兵的时候,以屠沛来威胁,你们如果不跟着我,如果追随沛令,那么父子俱屠。他屠城的实例有颍阳、武关、煮枣、胡陵、城父等地方。甚至汉并天下之后,刘邦平定反叛者的时候,还有屠城的行为。所以,说项羽残暴,刘邦仁厚,给出这样的简单结论是不足的,还要做进一步的分析。

韩信登坛拜将,出自《马骀画宝》

两首歌,两种泪

我们说《史记》这部书,真的是史家之绝唱,无韵之离骚,它是史学的经典,也是文学名著。《项羽本纪》里写项羽看到四面楚歌的情形,大惊失色,夜起,饮帐中,于是"悲歌忼慨,自为诗曰:'力拔山兮气盖世……'",唱出这首《垓下歌》,随后"泣数行下"。这是我们很熟悉的故事,也是我们很熟悉的歌诗。宋代的理学家在谈浩然之气的时候,把这作为例子,朱熹引程子的话说"浩然之气,只是气大敢做",他说气大敢做,有气魄,和一般人气小,什么事都不敢做是不一样的,"力拔山兮气盖世"便是这样的气,这是能做大事的。

和项羽的"力拔山兮"这首悲歌享有同样知名度的就是刘邦的

《大风歌》。我们看到，"置酒沛宫，悉召故人父老子弟纵酒"，大家一起喝酒，"酒酣"，喝得比较到位了，于是"高祖击筑，自为歌诗曰：'大风起兮云飞扬，威加海内兮归故乡，安得猛士兮守四方！'"。随后"乃起舞，慷慨伤怀，泣数行下"。项羽的表现也用了"泣数行下"这四个字，两个人都流泪了，竟然是完全一样的表述，这让我们很吃惊。一负一胜，一败一成，一枯一荣，两个人都是英雄，两个人都是气大敢做的英雄，都是宋代理学家表扬的对象。

完全不同的故事情境，但是有相似的表现，项羽是"自为诗曰"，刘邦是"自为歌诗曰"；项羽是"悲歌忼慨"，刘邦是"慷慨伤怀"；项羽是"饮帐中"，刘邦是"置酒沛宫""纵酒""酒酣"；项羽是"歌数阕，美人和之"，好像是男女共同的一种表演，而刘邦起先是"击筑"，就是击打乐器，后来"乃起舞"，完全放开了，参与集体狂欢。我们对比一下这个记述，就会觉得非常有意思，一个失败的英雄面对悲剧结局自为壮歌，"泣数行下"；一个成功的英雄面对庆贺胜利的庆典，同样自为歌诗，"令儿皆和习"，让小孩子一起合唱，之后"泣数行下"。

后人在评价刘邦酒酣唱《大风歌》这个故事的描写的时候，说"古今文字，淋漓尽兴，言笑有情，少可及此"，很少有比得上这一段记录的，这体现出太史公对刘邦这个英雄的理解。吴见思说"沛中留饮处"，"写其豁达本色，语语入神"，可以说是字字如神。应当说，太史公做了对历史人物的心态进行考察这样的探索。

钱锺书先生说《高祖本纪》"并言其心性"，说到了这个人的心态，说到了这个人的气质，而《项羽本纪》也涉及"其性情气质"。我们比较刘项在不同情境下歌唱之后的"泣数行下"，也应当注意到太史公这样一个杰出的历史学者分析历史上英雄人物的性情气质的这种功夫。

顾颉刚先生有一篇文章叫《司马谈作史》，他说《史记》这部书最精彩、价值最高的部分有两处，一是楚汉之际，二是武帝之世，就是汉武帝时代。他说楚汉之际这部分应当是司马谈收集的材料。司马谈在汉文帝初期出生，生活在这个时代，当时战国时期的老人、汉初的一些名将还活着，他听到了他们的一些口述，所以可以做完整、生动的记录。他说对"此一时期史事之保存"，司马谈应当是有首功的，有第一等的功劳。他说"其笔力之健，亦复震撼一世，叱咤千古"。除了生龙活虎、绘声绘色，表现出文学造诣之高外，"其史学见解之深辟又可知"，他的史学见解的深刻我们也可以从这些记述中体会到，就是说他对刘邦和项羽这两位英雄人物心理的了解、心态的理解，是超乎一般史学家的。

刘邦与西汉的开国

文：卜宪群

称帝与迁都

公元前202年，在楚汉战争中获得胜利的刘邦在诸侯王的上书"请求"下，于氾水北面的定陶登上了皇帝宝座，完成了从秦到楚再到汉的改朝换代。刘邦就是汉高祖。刘邦称帝，结束了秦朝灭亡之后群雄割据的纷乱历史，为再造统一的中央集权国家奠定了基础，有利于社会的发展。

刘邦称帝后，首先要解决的是国都设在何处的问题。作为都城，位于山东的定陶显然不是长久之地，原来做汉王时的国都栎阳显然也不适合。史书记载，刘邦定陶称帝后不久，把都城迁到了洛阳。洛阳居"天下"之中，是周之故都，迁至洛阳完全可以理解。但定都洛阳后不久，发生了一件事。

一天，前往陇西戍边的齐人娄敬路过洛阳，他通过同乡的关系拜见了刘邦。娄敬问刘邦："陛下定都洛阳，是想和周的兴盛相比试吗？"刘邦回答说："正是这样。"接着，娄敬向刘邦详细分析了周兴起的历史过程，指出汉目前所处的环境与周兴盛时不同，而刘邦要与周的成王、康王相比，他以为不具备条件。接着，娄敬又详细分析了将都城迁往关中秦地的好处，指出关中秦地地势险要，物产丰富，土地肥沃，人口众多，即使关东地区有祸乱之事发生，也可以迅速集中百万之众，保全秦国原有的地区。这就像与人搏斗，不掐住他的咽喉，打击他的后背，是不能获胜的。如果刘邦进入函谷关，控制秦国故地，就是掐住了天下的咽喉而打击其后背。

娄敬的看法有充分而深刻的道理，说动了刘邦。于是，刘邦向群臣征求意见。群臣大都来自关东地区，不愿远离故土西迁，纷纷说周朝建都洛阳延续了数百年，而秦居关中二世而亡，洛阳地势险要，不如将都城定在洛阳。刘邦正在为难之际，张良站出来说："洛阳虽然地势险要，但其腹地小，不过数百里，土地也不肥沃，且易四面受敌，不是国家用武之地。关中左面有崤山、函谷关，右面有陇山、蜀山，南面有富饶的巴蜀，北面有广阔的草原，有苑牧之利，依靠三面优势固守，只用一面来控制东方的诸侯。如果诸侯安定，可以利用黄河、渭水运输粮食往西供给京师；如果诸侯发生变乱，可以顺流而下，运送物资。"张良还特别强调说，娄敬的建议是对的。刘邦十分敬重张良，听了这席话，当天就决定迁都关中，同时拜娄敬为奉春君，官授郎中，赐姓刘。故娄敬也被称为刘敬，《史记》将他与叔孙通并立列传，即《刘敬叔孙通列传》。

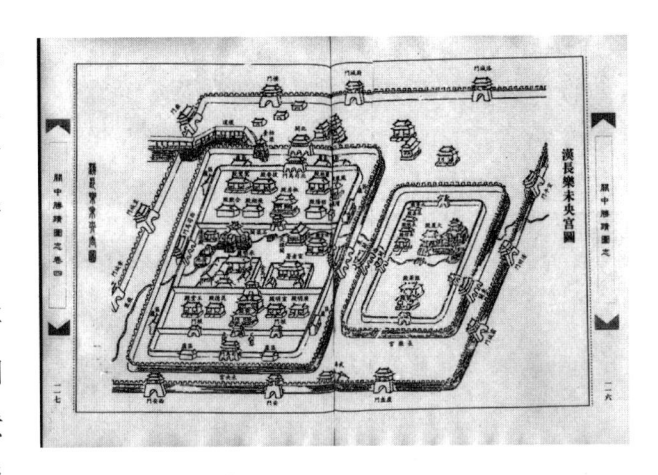

第二章 秦汉——统一多民族封建国家的建立

迁都关中是一个重大而又正确的决定，对西汉历史的发展产生了重大影响。娄敬只是一个要去戍边的人，刘邦能听取他的意见迁都关中，说明刘邦是一个善

汉长乐未央宫图，清朝毕沅绘

于接受不同意见的人。而娄敬身为戍卒，不仅见识非凡，还表现出深厚的忧国情怀。司马迁在《史记》中引用"千金之裘，非一狐之腋也"的谚语赞赏刘邦广纳贤才，也以娄敬之一说"建万世之安"的故事，告诫统治者用人必须"五湖四海"。当然，刘邦迁都关中后的一段时间还是在旧都栎阳办公，但开始在咸阳以东的长安营建新宫室，即长乐宫。到汉高祖七年（公元前200年），长乐宫初具规模，都城从栎阳迁到长安，此后的200年时间里，长安成为西汉王朝的政治中心。

开国建制

刘邦的制度建设从他被封为汉王进入霸上和汉中时就开始了，他仿照秦制的基本模式建立中央集权化的汉制。在中央相继设立了丞相、太尉、御史大夫等。在地方行政制度上，建立了郡、县、乡、里制。户籍制度和上计制度开始建立，法制建设也在这个时期开始。刘邦称帝后，在这个基础上继续进行制度建设。

"复故爵田宅"

汉高祖五年（公元前202年），也就是刘邦称帝定都洛阳后，颁布了著名的"复故爵田宅"令。这道诏令的主要内容有以下几项：第一，免除那些跟随他进入关中的诸侯国人一定年限的徭役。第二，招抚流亡者。战争期间流亡山泽没有户籍的流民，各回故地登记户籍，恢复他们过去拥有的爵位和田宅。第三，因为饥饿而自卖为奴婢者，全部免为平民。第四，赐给没有爵位的军人以爵位，已有爵位的军人，晋爵一级。

汉初是按照爵位的高低享受政治、经济、法律特权的。诏令规定，军人没有爵或爵在大夫级以下的，皆赐爵为大夫；爵在大夫级以上者，分别晋爵一级；爵在七大夫以上者，给予食邑，可以坐享食邑的租税。诏令还说，七大夫以上是高爵，官吏应当善待高爵者，先给予他们田宅，不要让他们的问题久久得不到解决。诏令还严厉谴责了当时有些官吏背公立私，没有功爵却获得许多田宅，而有功爵者却得不到田宅的腐败行为。

汉的纪年是从刘邦被封为汉王开始计算的，所以"复故爵田宅"令又称为汉高祖五年诏，这是汉初重建社会秩序的一道重要诏令。这道诏令在保障跟随刘邦打天下的军功阶层利益的前提下，也涉及了汉初社会其他各阶层的利益，对各阶层都给予了妥善的处置，这对于稳定社会秩序，巩固新生的汉政权有很大的积极意义。

汉代的法制

汉代的法制建设是从刘邦进入关中时开始的,这就是著名的"约法三章"。这"三章"指的是"杀人者死,伤人及盗抵罪"。"余悉除去秦法",即"三章"之外的秦代其他法律统统废除。简要的法律自然获得在秦代严酷法律下生活的人们的欢迎。

但是,随着全国的统一,这种过于简要的法律显然已经不能满足政治统治和社会管理的需要,于是丞相萧何又制定《九章律》。从目前学术界的研究来看,《九章律》也是以秦律为基础制定的。

20世纪80年代初,在湖北江陵张家山出土了《二年律令》。这批律令是在汉高祖到吕后二年时期陆续制定的,包括20多种律和令,极大地丰富了我们对刘邦及其后时期法律制度建设的认识。

礼乐制度

史书记载,刘邦在定陶登上皇帝宝座的时候,为了体现"简易"的新思想,将秦代的礼仪全部废除。结果群臣在刘邦的登基大典上饮酒争功,大呼小叫,甚至拔出剑来乱砍,不成体统。刘邦十分不快。来自薛地的叔孙通看出新皇帝心中的不悦,就对刘邦说:"儒生不善于进取,但可以做一些守成的事情。我愿意去请鲁地的儒生,和我的弟子一起来制定朝仪。"刘邦问:"有什么困难吗?"叔孙通回答说:"制定时可以参考古礼与秦代礼仪。"刘邦说:"可以试一试。礼仪要容易掌握,要在我所能做到的范围内制定。"于是叔孙通遣使去征鲁地的儒生,征得30人。他们和刘邦身边的学者、叔孙通的弟子百余人共同练习礼仪。一个多月后,叔孙通对刘邦说:"皇上您可以来观看一下。"刘邦看了叔孙通他们练习的礼仪,并让他们行了礼,然后说:"我能做到。"于是,刘邦命令群臣都来学习。汉高祖七年,长乐宫建成,诸侯群臣都按照这个礼仪向皇帝朝拜,仪式威严,文武百官井然有序,没有一个人敢喧哗失礼。朝仪结束后,刘邦非常高兴地说:"今天我才知道当皇帝的尊贵啊!"于是刘邦任命叔孙通为太常,位列九卿,掌管礼仪。

刘邦在世时,还制定了祭祀、正朔和服色制度。汉高祖二年(公元前205年),刘邦问:"秦代祭祀什么上帝?"随从回答:"秦代祭祀的上帝有白帝、青帝、黄帝、赤帝。"刘邦又问:"我听说天有五帝,为什么只祭祀四帝呢?"随从目瞪口呆,不知道他要说什么。刘邦说:"我知道,是缺了我,算上我就是五帝了。"于是,汉代祭祀又加上了黑帝,而祭祀的人员与方式都与秦代一样,没有改变。

正朔就是一年中的第一天,中国历史上改朝换代或重大时期,往往要修改正朔,这也是王朝统治合法性的标志。刘邦依照秦代的历法,定十月为一年之首,十月为岁首的制度一直延续到汉武帝时期。

古代中国流行一种五行学说,这种学说认为,金、木、水、火、土五种物质是万物产生的根源,五种物质相互依存,

玄武纹瓦当,此为西汉长安城宫殿建筑构件,玄武即黑帝的天神形象

相互转化。这本来具有朴素的唯物主义思想。但是到了战国秦汉时期,这种学说被某些思想家、政治家赋予了神秘色彩,比附于政治和人事,演化出五德终始说,认为朝代的变换与某种"德"相关,历史是按照五德相生相克的次序演化的。这就是一种唯心主义的说法了。

其实,这种说法本质上是为当时的政权转移寻找合法的根据,如果取得政权的统治者属于应当代替前一个统治者的"德",那么他的统治就是合法的。比如秦代就自认为是以水德代替周代的火德,按照五行说,水克火,秦代替周是合法的、必然的,也是符合天命的。按照五行说,水德是黑色,故秦代在颜色上尊崇黑色。刘邦也自认为属于水德,在正朔和颜色上崇尚黑色。

汉初事务繁杂,很多东西,如礼仪、祭祀、正朔和服色等大都承袭秦代,直到汉文帝、汉武帝时才开始逐步改变。

同异姓诸侯王的斗争

从刘邦登上皇帝之位到他去世的六七年时间里,同异姓诸侯王的斗争是最重要的一项内容。大家知道,刘邦在楚汉战争中,出于实际需要,主动或被动地分封了一些诸侯王。称帝后,又正式划分了王、侯两个爵位等级,用以奖励功臣。他一共分封了七个异姓诸侯王:楚王韩信、赵王张敖、韩王信、梁王彭越、淮南王英布、燕王卢绾、长沙王吴芮。

这些诸侯王占有广大的土地和众多的人口,握有重兵,宫室百官一如中央,在封国内享有如同皇帝一样的政治权力,几乎等同于独立王国。汉初,中央政权直接控制的郡只有15个,其他地区都由诸侯国控制。因此，刘邦虽然当了皇帝，但实际控制的只有关中部分地区。异姓诸侯王的存在以及他们的不断反叛，对刘邦和中央政权造成了严重威胁。

从公元前202年开始到公元前195年，刘邦以各种借口，将异姓诸侯王一一剪灭，只剩下一个国力很弱的长沙王吴芮。剪除异姓诸侯王的斗争，是中央集权与地方割据势力的斗争，有利于历史的进步。消灭了异姓诸侯王的势力后，刘邦又错误地总结出秦灭亡的历史教训是没有实行分封，认为分封同姓子弟可以拱卫皇室，确保江山稳固，避免秦代历史的重演。

于是，刘邦杀白马盟誓，"非刘氏而王，天下共击之"。也就是说，只有皇室刘姓的人才可以称王，其他人称王，天下人都要起来反对。因此，刘邦在剪除异姓诸侯王的同时，又陆续分封了九个刘氏子弟，史称同姓诸侯王。同姓诸侯王在一段时间内对巩固汉政权起到了积极作用，与中央政府的矛盾还不突出。但是随着时间的推移，这种矛盾就逐渐产生，汉景帝时期的吴楚七国之乱就是这一矛盾的集中爆发。这与刘邦当初分封的初衷已经背道而驰。不过，由于战乱和分裂不得人心，七国之乱很快就被平定。

徐州狮子山汉墓兵马俑

向匈奴妥协

楚汉战争时期以及汉初，正是北方匈奴势力逐步崛起强大的时期。刚刚称帝的刘邦，既要稳定社会秩序，消灭异姓诸侯王，又想解决迫在眉睫的匈奴问题。匈奴问题之所以紧迫，是因为匈奴已经占领了河套地区，并且不断向南推进。被分封在此地的诸侯王先是与匈奴关系暧昧，后又投降匈奴，导致汉政权北部形势危急。

汉高祖七年，刘邦亲率32万大军进攻匈奴。匈奴冒顿单于故意示弱，刘邦轻敌冒进，率领先头部队深入平城白登山，即今天的山西大同东，被匈奴大军团团围困，七天七夜不能突围。最后陈平献计，贿赂冒顿单于的阏氏，才得解围。

白登之围使刘邦认识到，西汉暂时还没有力量解决匈奴问题，于是他采纳刘敬的建议，与匈奴和亲，即把汉公主嫁给匈奴单于，结为姻亲，互开边境贸易，同时把大量的丝绸、酒和食物等送给匈奴。和亲政策是不平等的，但换来了汉匈边境暂时的安宁。

迁徙贵族豪强

刘邦建国后的不稳定因素并非仅限于分封的诸侯王和匈奴，还有另一种非常强大的不稳定社会势力存在，就是从战国到秦的六国贵族及其后裔和豪强大族。

为了解决这一问题，刘邦接受刘敬的建议，从汉高祖九年（公元前198年）开始，采取强本弱末之术，将齐、楚、燕、赵、韩、魏的后裔以及豪强大姓10余万人迁往关中。这一措施既削弱了他们在关东地区所造成的不稳定因素，也充实了关中地区的力量，有利于抗击匈奴。

刘邦从称帝到去世，经历的时间并不长，但他尽心竭力，在迁都定邦、制度建设、稳定政治与社会秩序、处理边疆与民族问题等方面都有积极的举措。特别是他在生命的最后时刻，接受张良及商山四皓的建议，妥善处理了废立太子的问题，也妥善安排了萧何之后丞相、太尉等继任者的人事问题，为西汉王朝的长治久安建立了不朽的功勋。

文景之治

文：卜宪群

经过高祖、惠帝、高后、文帝、景帝60余年的发展，历经战乱的汉初社会终于有了一个喘息的机会，迎来了被后世称颂的"文景之治"。文景之治是中国进入封建社会后出现的第一个盛世。文景之治的出现，不仅使战国以来战乱连绵的社会终于有了一个休息的机会，黎民百姓获得了暂时的安宁，更重要的是表明汉初新的统治集团，在经历了秦速亡的历史过程后，已经善于反省并总结历史教训，适时调整统治策略，以维护整个统治阶级的长治久安。

文景之治是指在西汉文帝和景帝时期，人民安乐、社会稳定、经济发展、政治清明的一种状况。所谓"治"，就是习称的"盛世"，就是治理得特别好的意思。

文景之治出现的原因

汉初社会的残破

汉初社会，一片凋敝景象。《汉书·食货志》记载："汉兴，接秦之敝，诸侯并起，民失作业，而大饥馑。凡米石五千，人相食，死者过半。高祖乃令民得卖子，就食蜀汉。天下既定，民亡盖藏，自天子不能具醇驷，而将相或乘牛车。"老百姓一点积蓄都没有，天子所乘的马车都找不到四匹颜色一样的马，而将相大臣有时只能乘牛车出行。人口也较秦代大为减少。

官吏腐败苛刻

汉初不仅社会经济残破，而且官吏腐败苛刻，秦代政治的惯性还在延续。汉初官僚多出自军队，如曹参、樊哙、夏侯婴、王陵、陈平、韩信、周勃、灌婴等皆享有军功。军功官僚占据主导地位，行政运行大多依然承袭秦代的体制。

汉初官僚队伍的素质与秦代并无根本性的差异，特别是很多人本身就是秦吏，他们自然将秦代行政运作的许多规范、方法、风格带到了汉初。因此，秦代行政中所发生的问题，在汉初很快就再现了。如《汉书·高帝纪》高帝五年（公元前202年）诏中对各级官吏"背公立私"的情况提出了严厉批评。而当时政论家的批评更为严厉，如年轻的政治家贾谊就说，虽然秦已经转为汉了，但秦的遗风仍然没有改变。那些平庸的官吏只知道忙于俗务，根本不知道移风易俗的重要性。如果不改变这些，汉将不可避免地重蹈秦的覆辙。

"清静无为"的国策

历史关头需要选择正确的思想路线。文景之治的出现与汉初"清静无为"的国策选择紧密相关,这个选择经历了尖锐的思想斗争。建立西汉王朝的刘邦及其功臣集团大多为秦代的低层小吏,文化程度不高,特别是刘邦本人,建国后仍然主张马上夺天下,马上治天下。

《史记·郦生陆贾列传》载,汉朝建立后,陆贾经常在刘邦面前谈论《诗》《书》等儒家典籍,刘邦反驳说:"我是在马上夺得天下的,何必要学习《诗》《书》?"陆贾毫不相让地说:"您在马上夺得天下,难道您还可以在马上治理天下吗?过去商汤、周武王用武力夺取天下,然后用顺应民心的安宁政策治理天下,文武并用才能长治久安。"陆贾还说:"如果秦始皇统一天下后不滥用刑罚,而是认真总结前贤的治国之道,以仁义道德治理天下,那么您今天还能登上皇帝的宝座吗?"刘邦听了这些话,虽然不高兴,却面有惭愧之色,于是命陆贾总结秦及其他"成败之国"的经验教训。陆贾因此写成了著名的《新语》一书。据说陆贾每撰成一篇便上奏一篇,史称"高帝未尝不称善,左右呼万岁,号其书曰'新语'",也就是说刘邦和他的左右都认为陆贾说得对。

陆贾,出自清代修《江苏吴县陆氏世谱》

陆贾的思想终于获得了高层的赞赏，他的文章被称为"新语"，说明他的思想与当时流行的思想是不同的。

《史记·郦生陆贾列传》记载的这段君臣思想激烈交锋，并达成马上得天下，不能马上治天下的共识的故事，是人们耳熟能详的。《汉书·高帝纪》把陆贾写《新语》与萧何制定律令、韩信制定军法、张苍定章程、叔孙通制定礼仪并论，可见这件事在汉初历史上占有何等重要的地位。

陆贾说"善言古者合之于今，能述远者考之于近"（《新语·术事》），意思是说治理国家要从现实出发，借鉴历史的经验。陆贾的言论正是针对秦亡的历史教训，针对汉初的社会现实提出的积极建议。不仅如此，陆贾还为汉初的统治集团应当建立什么样的社会描绘了美好愿景，他说："是以君子之为治也，块然若无事，寂然若无声，官府若无吏，亭落若无民，闾里不讼于巷，老幼不愁于庭，近者无所议，远者无所听，邮无夜行之卒，乡无夜召之征，犬不夜吠，鸡不夜鸣，耆老甘味于堂，丁男耕耘于野。"大意就是老百姓都很安然，官府里就像没有官吏一样，乡里没有诉讼，老老少少都没有忧愁的事情，没有什么不平的议论传播，晚上邮驿大道上没有奔跑的邮卒，夜晚的乡里没有征发徭役的命令，夜里狗不叫、鸡不鸣，年老的人在家中享受着美味、享受着人生，壮年男子在田里耕耘。这就是"无为"思想的最高政治理想。

明代钱鹤滩说："陆贾所论，多崇俭尚静，似有启文、景、萧、曹之治者。"（转引自王利器《新语校注·术事》）陆贾的言论开启了思想转变的大门，汉初统治集团的为政风格也有了很大的转变。比如刘邦在位期间，除了剪灭异姓诸侯王外，对其他各种社会势力保持了极大的忍耐、融合精神。他不再像秦始皇那样追求绝对的"同"，而是要求在尊重统一的中央集权的前提下，允许其他地域性的社会管理方式暂时存在，包括独立性很强的诸侯国。他还多次采取减轻百姓负担、安定社会、除去苛法的举措。临终前，刘邦推举信奉黄老无为思想的曹参作为萧何的继任者，足见他把与民休息、保持社会安宁放在了他未竟的事业中。刘邦之后的孝惠、高后时期，虽然政治斗争十分复杂，但在社会治理上"君臣俱欲无为"，形成了"天下晏然，刑罚罕用，民务稼穑，衣食滋殖"（《汉书·高后纪》）的局面。

文景之治的具体政策

文景之治的指导思想是"清静无为""与民休息"，其具体政策则主要表现在以下几个方面：

"萧规曹随"

《史记·曹相国世家》记载了这样一段故事。惠帝二年（公元前193年），萧何去世了，当时在齐国担任相国的曹参听说后，就让他的部下赶快置办行装，说："我将要入长安担任相国了。"没几天，使臣果然召曹参去担任相国。

曹参与萧何本来有些矛盾，但萧何临终前，向惠帝推荐的接任者只有曹参一人。曹参接替萧何做汉朝的相国后，所有事务都没有改变，完全遵守萧何制定的规约，选拔那些不善于文辞表达、忠谨厚道的人来相国府担任官吏，把那些说话苛刻、竭力追求名声的人都斥退赶走。

曹参担任相国期间，天天在相国府喝酒。官吏和宾客见曹参天天不理政事，都想劝他。但他们刚一到，曹参就拿酒给他们喝。过了一会儿，他们又想说，曹参又让他们喝酒，直到喝醉离开，始终不能开口。

相国府的后园靠近官吏的住处，官吏们每天喝酒，唱歌呼喊，曹参的随从很厌恶他们，但又不知道怎么办，就故意请曹参到园中游玩，让曹参听到官吏们酒醉后唱歌呼喊，希望曹参能制止他们。但曹参不仅没有制止，反而取酒设座，也唱歌呼喊，与他们呼应。曹参见到别人有小过错，一心替他们隐藏遮盖，所以曹参担任相国期间，相国府中没发生过什么大事。

曹参的儿子曹窋任中大夫，惠帝责怪相国不治理国事，曹窋按照惠帝的意思劝谏曹参。曹参听后大怒，打了曹窋二百板子，说："赶快入朝侍奉皇帝，天下的大事不是你应当谈论的。"到了上朝的时候，惠帝责备曹参说："为什么处罚曹窋？是我让他劝你的。"曹参谢罪后问："陛下自认为和高皇帝比，谁更圣明英武？"惠帝说："我怎么敢和先帝比呢！"曹参又问："陛下认为我的能力和萧何比，谁更强呢？"惠帝说："你好像赶不上萧何。"曹参说："陛下您说得对。高祖和萧何平定天下，制定了严明的法令，现在陛下垂衣拱手治理天下，我等臣子恪守职责，遵循前代之法而不更改，不就可以了吗？"惠帝说："说得好，你休息去吧。"

曹参在朝廷任相国三年，极力主张清静无为、不扰民，遵照萧何制定的法规治理国家，使西汉政治稳定，经济发展，人民生活水平日渐提高。曹参死后，老百姓编了一首歌谣称颂他："萧何制定法规，明白整齐划一；曹参接任后，遵守不偏离。施政贵清静，百姓安宁统一。"史称"萧规曹随"。

曹参的行为不能理解为不作为，而是符合战乱之后人民要求安宁的强烈愿望。当然，这不代表曹参对刘邦、萧何制定的一切制度都无所变更，所谓不变更，是就其总体而言的。例如，他对属下的工作不干扰，不过细苛察，选吏注重"重厚长者"，"言文刻深，欲务声名者，辄斥去之"，这些方针就突破了汉初以来为政的许多做法，具有自身的鲜明特点。这说明曹参遵循旧制不是绝对的，只不过更加谨慎，更加注重维护社会稳定。

这里要说一下吕后，维持稳定的国策在吕后时期并没有停滞，而是得到了发展。萧何是惠帝二年去世的，他死后，黄老思想的代表性人物曹参继任，出现了所谓的"萧规曹随"的局面，而这一时期的其他重要人物，如王陵、周勃也都"重厚少文"。这些大臣都主张无为而治，从民之欲，从不劳民。吕后时期，经济上实行轻赋税，对工商实行自由政策，废除苛刻的法律。所以，文景之治局面的出现也有吕后的功劳。

轻徭薄赋

仅仅依靠"清静无为"的安宁政策并不能带来社会的进步，加快物质资料的生产并切实减轻人民的负担，才能给人民以实惠。刘邦即位后，秦代竭泽而渔的剥削方式得到了极大改善，景帝时最终将田租的比例定为"三十税一"，并成为定制。此外，口赋、算赋、更赋等赋税在文景时期也都得到不同程度的减轻。徭役曾经是秦代暴政的象征，汉初的统治者都十分节制使用民力。为了使百姓免受转送赋税之苦，文帝下令列侯不得居住在京城，各自归国。文帝首开"籍田制"，表示对农业生产的重视。文景二帝还多次下诏救助灾荒，令郡国官吏务必重农桑，发展生产，并设"力田"奖励努力生产的农民。这些政策或法令对社会秩序与生产的迅速恢复具有重要作用，使得封建国家的重要经济支柱——小农经济在汉初几十年中有了长足的发展。

轻刑慎罚

政治统治离不开法律，但严刑峻法只能导致人人自危，众叛亲离。文景时代的刑罚尽管不像史书所记载的那样"宽容"，但较秦代大为减轻并且有章可循。文帝本人对法律十分尊重，他所任用的廷尉张释之不以君权意志行事，敢于维护法律尊严，提出"天子所与天下公共"的法律观，留下了许多佳话。例如，有一次，文帝要对惊扰了他的马的人处以极刑，而张释之认为只能处以罚金，最后说服了文帝。还有一次，文帝要对盗取高祖庙案前供奉的玉环的人处以族刑，廷尉张释之认为只能判处偷盗者本人死刑，最后文帝也不得不尊重他的意见。汉初几十年轻刑慎罚，既维护了法律的尊严，又给社会带来了一个安宁的环境。

汉文帝像

勤俭治国

汉初的统治者对自身拥有的权力能够清醒地反省，能够做到自我约束。比如汉初刘邦责备萧何修建未央宫过于"壮丽"，虽然这未必反映了他真实的思想，但至少说明他还有节省民力、限制过分奢侈的思想。惠帝、吕后也都注意节俭，没有大肆铺张之举。文景二帝更是在各方面自我克制，为创建廉洁、勤俭的社会风尚不懈努力。文帝想造一座"露台"，算下来需要"百金"，"百金"在当时相当于10户中等人家的资产。文帝觉得花费太高，结果作罢。文帝宠幸的慎夫人"衣不曳地，帷帐无文绣"。

与秦始皇大修坟墓不同，文帝对生死有着朴素的理解，他说："盖天下万物之萌生，靡不有死。"天下万物没有不死的，死是"天地之理，物之自然"。因此，他修霸陵"皆瓦器，不得以金银铜锡为饰，因其山，不起坟"。这在历代封建帝王中是少见的。景帝也是这样，他一再下诏，反对雕文刻镂，要求各级官吏重农桑而轻黄金珠玉，并以法律的形式固定下来。统治者个人的品质虽然不是社会进步与倒退的决定性因素，但是从自身做起，提倡勤俭的生活作风，对于整个社会风气的改善还是极为有益的。

东汉班固是第一个将"文景"作为一个兴盛时代来称赞的人，他在《汉书·景帝纪》的赞语中说："汉兴，扫除烦苛，与民休息。至于孝文，加之以恭俭，孝景遵业，五六十载之间，至于移风易俗，黎民醇厚。周云成康，汉言文景，美矣！"从班固的话中，我们可以看到如下两点：第一，他高度肯定文景二帝的历史功绩，并将文景时期与西周的成王、康王时期相媲美；第二，他将文景之治的出现与汉初以来的历史相联系，认为文景之治是几代人创立的，指出正是文景二帝继承并发展了汉初刘邦、惠帝、吕后时代"扫除烦苛，与民休息"的思想政策，才彻底改变了秦代的弊政，使百姓过上了风俗纯美、安宁幸福的生活。这个看法是符合历史事实的。

在汉代历史上，文景时期还不是强盛时期。但没有这个时期的历史积淀，就不可能有汉武帝时代的全面繁盛。因此，后世都给予文景之治非常高的评价，把这个时期视为难以企及的一个历史高峰。

雄才大略的汉武帝

文：卜宪群

公元前141年，汉景帝刘启去世，16岁的刘彻即位，是为汉武帝。从公元前141年至公元前87年，汉武帝统治中国长达54年之久，是中国历史上在位时间非常长的少数几个皇帝之一。在汉武帝统治时期，中国历史进入了一个新阶段，汉武帝的文治武功也在中国历史上留下了深深的印记。后世常用"雄才大略"来形容汉武帝，也有人用"六个第一"来概括他：第一个用儒家学说统一思想的皇帝，第一个使用年号纪年的皇帝，第一个建立太学培养人才的皇帝，第一个大力开拓疆土的皇帝，第一个开通西域的皇帝，第一个下罪己诏书批评自己的皇帝。

如果仔细算起来，他创造的第一还远不止这么多。在这一节中，我们就以这个历史人物的一生为线索,来追寻这个时代的点点滴滴。

汉武帝继位及其所处的时代

汉武帝继位

汉武帝刘彻的生母原来并不是皇后,而是宫廷里的美人。刘彻不过是汉景帝14个儿子中的一个,按照立嫡长子的原则,刘彻并不可能继承皇位。

一场宫廷政变改变了刘彻的命运。这就要说到阿娇这个人,阿娇是汉景帝的姐姐刘嫖(馆陶长公主)之女。馆陶长公主希望自己的女儿陈阿娇能成为汉朝皇后,就想把女儿许给当时的太子刘荣,不料遭到刘荣生母栗姬的拒绝。馆陶长公主震怒,遂起废太子之心。王美人即刘彻的母亲聪敏世故,发现有机可乘,立刻屈意迎合,百般讨好馆陶长公主,为自己的儿子谋夺太子之位。

据说,馆陶长公主有一次问刘彻:"你长大了要娶妻吗?"刘彻说:"要娶妻。"长公主指着左右宫女百余人问刘彻想要娶哪个,刘彻说都不要。最后长公主指着自己的女儿陈阿娇问:"阿娇好不好?"刘彻笑着回答说:"好,如果能娶阿娇做妻子,我会造一座金屋给她住。"这就是成语"金屋藏娇"的由来。

女儿订婚后,刘嫖转而全面支持刘彻,朝廷局势大变。经长公主一番经营,景帝废太子刘荣为临江王,贬栗姬入冷宫。不久,景帝正式册封王美人为皇后,立7岁的刘彻为太子。景帝死后,刘彻登上皇位。刘彻是凭借妻子娘家的势力才得以青云直上,从夺取太子之位,一直到登基称帝。在汉武帝即位初期,他的祖母窦太后、母亲王皇后、舅舅田蚡和窦太后的侄子窦婴都受到格外的重视，对政治产生了非常重要的影响。

汉武帝所处的时代

经过近70年的休养生息，西汉的社会经济得到空前的恢复与发展，呈现出一派祥和、繁荣、富足的景象。著名史学家班固用了一段非常著名又形象的语言形容这个时代，《汉书·食货志》载："至武帝之初七十年间，国家亡事，非遇水旱，则民人给家足，都鄙廪庾尽满，而府库余财。京师之钱累百巨万，贯朽而不可校。太仓之粟陈陈相因，充溢露积于外，腐败不可食。众庶街巷有马，仟伯之间成群，乘牸牝者摈而不得会聚。守闾阎者食粱肉；为吏者长子孙；居官者以为姓号。"意为在这70年间，国家没有什么大事，如果不是遇到水灾、旱灾，老百姓家家都很富足，官府的仓库和老百姓家的仓库都装满了粮食和钱财，特别是官府仓库里的钱非常多，以至于穿钱的绳子都腐烂了。仓库里的粮食都堆不下了，甚至腐烂不能吃。普通的街巷里都有马匹，田野之间更是马匹成群，那些骑着母马的人，大家都看不起，不让他们参与聚会。那些守门的人都能吃上肉，做官吏的人职位稳定长久。

但是，社会的繁庶下隐藏着许多问题，单

西汉明器陶仓，显示了西汉农业的繁荣

纯的"无为"而治政策已经不能解决这些问题了。这些问题主要有：政府对编户齐民的控制日益削弱，出现了大量逃亡的人口。贵族、官僚、富商、豪强的势力兴起膨胀，史书上说他们"无人君礼"，"废居居邑，封君皆低首仰给……不佐国家之急"。同时，北方匈奴的力量壮大，威胁严重。

时代需要一个强有力的政府来强化其统治，需要新的理论和历史的开创者。这就是汉武帝所面临的形势与任务。

统治思想的变化

一个伟大时代的开创需要理论的创新。公元前140年，刚即位的汉武帝立即批准了丞相卫绾罢黜各地所推举的专治法家和纵横家之术者的建议，开"罢黜百家"之先河。但是当时坚持黄老思想的窦太后还在世，汉武帝想推行儒家思想的意愿并不能实现。直到窦太后去世，汉武帝才得以顺利推行儒家思想。建元五年（公元前136年），汉朝设置五经博士，"五经"是指《诗》《书》《礼》《易》《春秋》。这表示儒家思想成为官方唯一认可的思想。在此前后（具体年代学界有不同看法），董仲舒作"天人三策"，在"天人三策"中提出建太学，培养儒学之士，还要求凡是不在六艺之科，也就是不属于儒家思想的其他学说，都要从太学的博士中排除出去。汉武帝表示同意。"罢黜百家，独尊儒术"的思想正式形成。此后，汉代官僚队伍中儒生的比例不断增多，儒家思想也从此成为中国封建社会占主流地位的统治思想。

制度的变更

西汉政治、社会与经济的发展以及统治思想的改变,都使得加强专制主义中央集权的要求提上日程。汉武帝时期,西汉初期以来的许多制度都发生了重大变化。

中外朝的形成

汉代传统的中央中枢政治体制是皇帝之下的丞相负责制,丞相"掌丞天子,助理万机",以丞相为首的三公九卿主持中央政府日常行政的运转,丞相府是行政中枢所在。但是到了汉武帝时期,由于原有的行政中枢丞相软弱无力,不能适应改弦更张的时代需要,因此汉武帝设立了一个"中朝"来协助他处理政务,提出各种对策建议。中朝的人员不固定,职位也很低,但是这些人思想敏锐,锐意开拓,为汉武帝各项政策的制定提供了积极宝贵的建议。因为中朝处于皇帝所在的禁中,与禁中之外的丞相府形成了内外的关系,因此以丞相为首的原有行政中枢被称为外朝。中外朝的形成是汉代政治史上的一个重大变化,此后相当长的时间里,丞相不再拥有实际政治权力,实际政治权力在中朝。

推恩令的颁布

七国之乱后,诸侯王的势力被削弱,但仍然独霸一方,拥有种种特权,构成与中央相抗衡的一股力量。汉武帝于元朔二年(公元前127年)采纳主父偃的建议,颁布推恩令,规定诸侯王除了可以让嫡长子继承王国爵位外,还可以将王国内的土地分给其他子弟。推恩令颁布后,诸侯国的王子们都可以在王国内分得土地,这样王国就被拆分为一个一个小侯国，诸侯的力量大为削弱。

汉武帝又颁布了《左官律》和《附益法》，禁止人们私自在诸侯国充当官吏，禁止朝廷官吏与诸侯王私自交往，禁止诸侯王招募宾客从事非法活动。同时，汉武帝还找各种理由削夺列侯的爵位。比如元鼎五年（公元前112年），汉武帝以列侯所献酎金（一种专供朝廷祭祀的黄金）的分量和成色不足为由，夺去106个列侯的爵位。这些行动，消除了诸侯国对中央集权的威胁。

刺史制度的建立

如果说中外朝的形成是为了加强君主专制统治，那么刺史制度的建立就是为了加强中央对地方的控制。汉武帝元封五年（公元前106年），为了适应中央集权的需要，"初置部刺史"，正式设立刺史制度。这项制度主要包括以下内容：

第一，分全国为13个州作为监察区，即冀、幽、并、兖、徐、青、扬、荆、豫、益、凉、交趾、朔方。每州设刺史一人，负责监察所在州的郡国二千石官吏。

第二，刺史秩六百石，相当于汉朝县令的最低职级。刺史每年八月巡视郡国，年终回京师汇报情况。

第三，"以六条问事"。

第一条："强宗豪右田宅逾制，以强凌弱，以众暴寡"，即监察豪强兼并土地、横行乡里的情况。

第二条："二千石不奉诏书遵承典制，倍公向私，旁诏守利，侵渔百姓，聚敛为奸"，即监察地方高级官员以权谋私、损害百姓的情况。

第三条："二千石不恤疑狱，风厉杀人，怒则任刑，喜则淫赏，烦扰刻暴，剥截黎元，为百姓所疾，山崩石裂，袄祥讹言"，即监察地方高级官员执法不公平的情况。

第四条："二千石选署不平，苟阿所爱，蔽贤宠顽"，即监察地方高级官员在选举时偏向袒护自己喜欢的人，使贤能的人得不到选拔任用的情况。

第五条："二千石子弟恃怙荣势，请托所监"，即监察地方高级官员子弟仗势欺人、勾结地方官员的情况。

第六条："二千石违公下比，阿附豪强，通行货赂，割损正令也"，即监察地方高级官员和地方大族相互勾结，破坏或阻碍政令实施的情况。

六条都明确针对地方豪强和郡国高级官吏。刺史非六条不察，要严格按照相关法规行事，表现出鲜明的监察专项性。刺史制度是中国古代巡视监察制度的开始。刺史直属于皇帝，直属于中央，刺史制度的设立对加强中央集权起到了非常重要的作用。征和四年（公元前89年），汉武帝又在首都地区设置司隶校尉，专门纠察京师百官和附近地区的官吏，从而构成了从中央到地方的完整的巡视监察系统，实现了对所有高级官吏的权力行使的监控。皇权对官僚的控制更加严密了。

选官制度的新变化

汉武帝之前，官吏选拔任用的措施主要是军功爵制。汉武帝时期，随着时代的变化，人才选拔制度亟须创新，需要网罗更多的人才服务于国家需求。汉武帝选拔人才的措施主要有以下几项：

第一，察举制。"察举"是经地方官考察后，自下而上向中央推举官吏的一项制度，也叫"选举"，但与今天的选举不是一个概念。

汉武帝元光元年（公元前134年）是一个重要的年份。这一年，汉武帝第一次下令"郡国举孝廉各一人"。举孝廉是面向全体吏民。"孝廉"当然是指有"孝"或"廉"的事迹的人，举主为郡国守相，岁举。开始时各郡国并不重视，长期不举。元朔元年（公元前128年），武帝又下诏"不举孝，不奉诏，当以不敬论；不察廉，不胜任也，当免"。如果不举孝廉，就是不敬皇帝，就是为官不胜任，就要被免去官职。这样，察举制才真正建立起来。除了举孝廉外，还有将已经担任官吏的人向更高一级察举的举茂才（秀才）制度。举茂才当时还没有形成制度，到了东汉才制度化。举茂才的举主比举孝廉的举主身份要高，为三公九卿、将军司隶、州牧。茂才的地位也较孝廉高，比如茂才可以直接出任县令，而孝廉一般是先在中央为郎官，然后出任地方官。

孝廉、茂才是察举的主要科目，是常科。除此之外，还有贤良方正、贤良文学、明经、明法、有道、敦厚、尤异、治剧、明阴阳灾异、勇猛知兵法等科目，但这些是特科，不是每年都有。

第二，征召。征召是针对有特殊才能的人，由皇帝下诏书征召为官。所征之人不拘一格，凡有专长并被皇帝看中的，随时征召。汉代有不少著名的政治家、军事家、经学家、文学家，都是征召来的，比如汉武帝时的《诗》学大师鲁申公就是征召来的，著名文学家枚乘也是这样召来的。

征召并不是定期的，征召的人员也各不相同。但是政府都很重视，命令途经各地，要招待迎送。召来之后，经皇帝提问，合格者即可得到官职。

第三，置博士弟子。元朔五年（公元前124年）置博士弟子，博士弟子每年考试，称为"射策"，即抽签考试，上者为甲，次者为乙。

优秀者授予官职。这类似于学校培养。

通过以上这些措施,汉武帝时代可谓人才辈出。《汉书·公孙弘卜式儿宽传》赞说,"汉之得人,于兹为盛"。也就是说,汉朝得到的贤能的人,在汉武帝时代是最多的。我们今天很熟悉的董仲舒、司马迁、司马相如、东方朔、朱买臣、桑弘羊、张骞、苏武、卫青、霍去病、霍光等,都是这个时代涌现出的人物。

法律制度的变化

统治思想的变更、政治制度的变化、社会发展的要求,都需要进一步完善和强化法制,以法律的形式将一切固定下来。汉武帝时期进行了大规模的法律修订,其主要内容如下:

第一,确立新的立法思想。法律的变革首先是立法思想的变革,汉武帝时代立法思想的突出变化是吸取董仲舒的意见,把儒家思想引入法律。儒家思想引入立法的结果是强调礼法并用、德主刑辅,这与秦以来的法家立法思想有了重大不同。从此,外儒而内法构成汉律的基础,这也是此后2000多年封建法律制度的基本特点。

第二,法律的制定。据《汉书·刑法志》记载,负责汉武帝时期法律制定的主要是张汤和赵禹。张汤是著名的酷吏,自小就有法律的天赋。赵禹为官廉洁,史称他从不请客吃饭,别人请他,他既不去,也从不回请,意在杜绝人情来往,史书上说他"孤立行一意而已",即一意孤行。经过张汤和赵禹十几年的制定和修订,汉武帝时期的法律数量大幅增加。历史记载说当时官吏的书架上摆满了法律文书,官吏几乎看不过来。这些法律的形式大致包括律、令、科、比四种。

第三,"春秋决狱"。汉武帝时期有一种特殊的法律形式,即用《春秋》这部书的思想或内容作为判案的依据。董仲舒年老归家后，朝廷每遇大事，汉武帝都派人去问董仲舒如何处理。于是董仲舒写了"《春秋决狱》二百三十二事"，作为指导。"春秋决狱"，是儒家思想指导法律建设的结果，儒家思想开始深深地影响到法律制度。

军事措施

扩大中央常备军

汉武帝在原有南军和北军的基础上增设了八校尉，属北军；增设期门、羽林军，属南军。期门、羽林军多选所谓"良家子"（医、巫、商贾之外的人家的子弟），是汉武帝的近卫军，作战勇猛，名将多出其中。汉武帝还进一步加强了对军队的控制，中央军权更加牢固地掌握在皇帝手中。

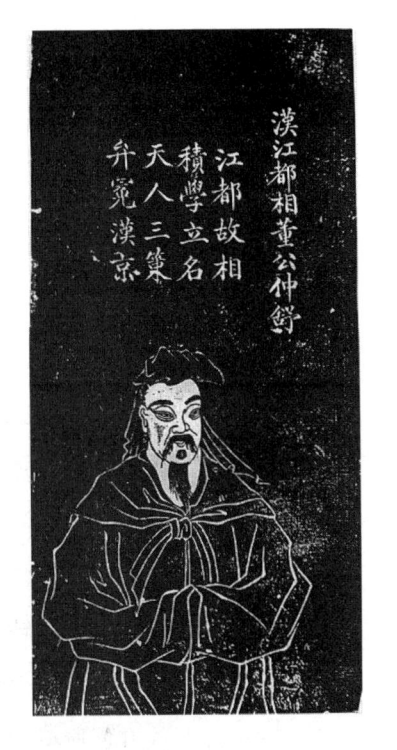

董仲舒画像

加强地方军和边郡军力

在地方军中增设楼船军，即水军。在位于边疆的边郡设屯田兵，形成边郡军事组织系统。

扩大兵源

除了正常的征发外，还将刑徒编入军队，变为刑徒兵。募兵制也开始推行，大规模地使用少数民族士兵。

经济措施

汉武帝的大肆扩张花费了大量金钱,并且动用了大量人力,当初他即位时的富庶状况难以为继,需要采取新的财政措施增加收入。没有经济上的集权,政治上的集权是谈不上的。

货币改革

汉初以来允许私人铸币,币制混乱,贵族商人、豪强手中有大量金钱,而朝廷捉襟见肘。

汉武帝决心改革币制。首先把铸币权完全收归中央,元鼎四年(公元前113年)下令禁止郡国和私人铸币,把全国的铜收集起来运往中央,还规定非三官钱(三官钱即由上林三官——钟官、辨铜、均输负责铸造的五铢钱)不得流通。同时,提高三官钱的铸造工艺水平。从此,三官负责铸造的五铢钱通行于世,稳定了财政。我们今天在考古发现中还可以看到很多汉武帝时期铸造的五铢钱。

盐铁官营

汉初以来,盐铁私人经营,国家仅收税。盐铁私营造就了许多富商大贾和地方豪强,也造成了严重的政治和社会危机。西汉政府决心收回盐铁利益。元狩四年(公元前119年),大司农属下的大农丞东郭咸阳、孔仅和侍中桑弘羊共同主持商议盐铁官营之事。东郭咸阳和孔仅本身就是大盐铁商,而桑弘羊为"洛阳贾人之子,以心计",桑弘羊是商人之子,非常会算计,"故三人言利事析秋豪矣",所以关于利益方面的事情,他们三个人能分析得清清楚楚。他们经过讨论,由大司农颜异向汉武帝提出一个计划:将盐铁收归政府管理,收入补充赋税不足。

均输平准

当时，各郡国都必须把本地的土特产品作为贡物输送给中央，这不仅要征用大量农民从事劳役，妨碍农业生产，而且贡物运到京师后按市价售卖，还不足以偿付车船运费，甚至有些东西在运输途中就坏了。

桑弘羊主张推行均输，主要就是为了克服这些弊端。均输的具体内容是：在各郡国设置均输官吏，令工官造车辆，加强运输力量，各郡国应交的贡品，除特优者仍应直接运送京师外，一般贡品则按当地的市场价格，折合成当地丰饶而价廉的土特产品，交给均输官，由均输官负责运到其他价高的地区销售。这样，既可免除各郡国输送贡物入京的繁难，减轻农民的劳役负担，又可避免贡物在运输过程中损坏和变质，更重要的是能使国家财政增加收入。

平准是在京师设置平准机构，利用均输所掌握的大量物资，根据物价，贵时抛售，便宜时收买，打击商人投机，稳定市场物价。

算缗和告缗

算缗是国家向富商大贾和高利贷者征收资产税的一项政策。各家资产由各家自己呈报，凡呈报不实的，罚戍边一年，没收资产，一半归公，一半归告发人。元狩四年，颁布算缗令、告缗令，由杨可主持推行。史称"杨可告缗遍天下，中家以上大氐皆遇告"，政府"得民财物以亿计，奴婢以千万数，田大县数百顷，小县百余顷，宅亦如之"。也就是说，通过施行算缗令、告缗令，全国中等资产以上的人家差不多都被告发了，而政府从中获取大利。算缗、告缗在一定程度上缓解了政府的财政危机。

通过以上政治、法制、经济、军事、思想等方面的措施，汉武帝时期的君主专制中央集权得到空前的加强。

汉匈战争

汉武帝初年，汉政府仍然与匈奴保持着和亲关系，但随着国力的强盛，这种局面不可能再延续下去。于是，汉与匈奴的战争揭开了序幕。

汉匈战争前后打了40多年，可分为以下几个阶段：

第一阶段：从马邑之谋到收复河南地

这一阶段的战争从马邑之谋开始。公元前133年，汉武帝听取聂壹的计策，以将马邑献给匈奴为诱饵，试图围歼匈奴主力，结果被匈奴识破，计谋失败。汉匈关系也随之破裂。元光六年（公元前129年），汉武帝派公孙贺、公孙敖、李广三路大军，各率万骑之兵力，出击河套地区的匈奴。与这些将领同行的还有年轻的车骑将军卫青。三路大军均无功而返，损失惨重，只有卫青这一路立下战功，直捣匈奴祭天祭祖的龙城。卫青出身贫贱，后因其姐姐卫子夫成为武帝的夫人而成为贵戚。卫青拥有杰出的军事才能，体恤士卒，号令严明，一心向公，在军队中威信很高，为汉武帝抗击匈奴立下了赫赫战功。他死后，葬在汉武帝茂陵的旁边。

元朔二年，匈奴大举进攻上谷、渔阳（今北京怀柔、密云附近），卫青从云中郡（内蒙古托克托）出发，西进出击匈奴，转而南下，收复了河套地区的河南地，后来汉武帝在此设置朔方、五原两郡。河南地自秦末被匈奴占领后，历时80余年，终于被收回。河南地距离长安很近，它的收复改变了汉朝在军事形势上的被动局面。

第二阶段：河西四郡的设立

这一阶段，汉武帝开始了向匈奴的全面反击。战争的进程比较复杂，暂且不细说。经过反击，汉朝正北面的匈奴力量被大大削弱，战争转向河西走廊。值得一提的是，在反击战中又涌现出一名优秀青年将领，即18岁的霍去病。他是卫青的外甥，甥舅两人在以后的年月里多次协同作战，立下赫赫战功。霍去病死后，被谥封为景桓侯。

元狩四年春，汉武帝命卫青与22岁的霍去病各率5万骑兵，深入漠北，寻歼匈奴主力。霍去病率军北进2000多里，与匈奴左贤王部大战，歼敌7万多人，并把匈奴人赶至今天蒙古国境内的狼居胥山，在狼居胥山举行了祭天封礼，在姑衍山举行了祭地禅礼。这就是所谓的"封狼居胥"。经此一战，"匈奴远遁，而幕南无王庭"。

霍去病用兵灵活，注重方略，不拘古法，勇猛果断，每战皆胜，深得武帝信任。他还留下了"匈奴未灭，无以家为"的千古名句。元狩六年（公元前117年），霍去病病逝，年仅24岁。

匈奴当户跪举灯，显示出汉朝统治者以胜利者自居，炫耀战功的心态

经过这一阶段的

全面反击,匈奴的问题得到基本解决。汉朝开发了河西地区,设置了酒泉、武威、张掖、敦煌四郡,置郡、徙民、屯垦,对该地区社会经济的发展有很大意义。今天我们仍然可以看到当时的边防遗迹。

第三阶段:战争的低潮

经过长期的战争,双方都需要休战。休战了十几年,战局再开。但这一阶段,汉军已经不能保持前一阶段的优势。

苏武出使匈奴

清任颐绘《苏武牧羊图》

公元前100年,匈奴将扣留的汉朝使节放回。汉武帝见匈奴表示友好,就派中郎将苏武为使节出使匈奴,并放回扣留的匈奴使节。但苏武到了匈奴后,匈奴单于十分傲慢,甚至要杀苏武等人。经匈奴贵族劝阻,匈奴单于决定招降苏武。苏武为人重气节,坚持不降。于是匈奴单于将苏武囚禁在地窖中,不给饮食。在地窖中,苏武吃天上下的雪,吞毡毛,数日不死。于是匈奴决定把苏武流放到北海,也就是今天的贝加尔湖地区,让他去牧羊,直到公羊生了羊羔,才能回到中原。

苏武被流放到人迹罕至的北海,没

有吃的，只能靠田鼠、野果为生。他每天拿着代表汉朝的节杖放羊，日复一日，年复一年，节杖上的装饰物都掉光了，但他始终不曾忘记家乡。

苏武在北海牧羊达19年之久，十几年来，沧海桑田，当初下令囚禁他的匈奴单于已经去世了，汉武帝也死了，汉昭帝继位。新立的单于推行与汉朝和好的政策，汉昭帝立即派使臣前往匈奴，要把苏武接回汉朝。

汉朝使臣到了匈奴，得知苏武还活着，就说汉朝天子在上林苑射中一只大雁，大雁的脚上系着帛书，帛书上清楚地写着苏武在北方的沼泽中，单于只好把苏武等9人送还。2000多年来，苏武牧羊的故事激励着无数后人的爱国情怀。

李陵、李广利投降匈奴

苏武出使匈奴的第二年，汉武帝又派贰师将军李广利出击匈奴，几乎全军覆没。同时，又派李广之孙、骑都尉李陵从居延出击匈奴。李陵战败被俘，投降匈奴。著名史学家司马迁就是因为为李陵的败降上书辩解，被汉武帝处以宫刑。李陵投降当然难以原谅，但也有客观原因，他率5000步兵与8万匈奴骑兵勇敢作战，孤军深入，在弹尽粮绝又无其他支援的情况下被俘，他的失败是不可避免的。李陵在匈奴曾见到苏武，对苏武的气节表示敬佩。但汉武帝得知李陵投降后，将他的母亲、兄弟、妻子诛杀，于是李陵断绝了回汉朝的想法。

李陵投降后，汉武帝于征和三年（公元前90年）再次派李广利等出击匈奴。战争中，李广利的妻子因政治牵连被捕，李广利也战败，投降了匈奴，后娶单于之女为妻。

李陵、李广利的相继投降，表明汉朝对匈奴的战争处于低潮。匈奴对汉朝的态度又开始强硬起来，致信汉朝声称"南有大汉，北有强胡。胡者，天之骄子也"。

张骞通西域

"西域"一词始见于汉代文献（《盐铁论·西域》）。西域有广义和狭义之分：狭义的西域是指玉门关、阳关以西，葱岭以东的地区，包括今天的巴尔喀什湖以东、以南及新疆广大地区；广义的西域包括亚洲中西部、印度半岛、欧洲东部和非洲北部。汉武帝时期，狭义上的西域地区有多个民族建立的数十个国家。西汉初，匈奴的势力先到达西域，并逐步控制了该地区。汉武帝逐渐认识到西域的重要性，下决心与西域建立联系。这个行动是从张骞开始的。

这里还要说到大月氏的问题。在今天甘肃西部的敦煌一带，水草肥美，居住着一个名为大月氏的部落国家。汉武帝之前，大月氏被匈奴赶走，匈奴

张骞出使西域图，敦煌莫高窟壁画

人还用大月氏王的头盖骨做饮器。大月氏对匈奴恨之入骨，但无可奈何，只得向西迁徙。汉武帝时，武帝从投降过来的匈奴人口中得知大月氏王被杀的消息，就想与大月氏结盟，共同对付匈奴。但结盟必须有人去联络，当时对汉朝来说，这是一个遥远而陌生的地方。

建元三年（公元前138年），汉武帝采取悬赏的方式招募志愿出使西域者，汉中郡城固人张骞以郎官身份勇敢应募。他与堂邑父一起带领100多人，踏上遥远的路途。他们刚走到甘肃西部，就被匈奴人抓住，不肯放行。但他们不杀张骞，而是让他娶妻生子。张骞被扣留10余年，但"持汉节不失"，最后终于找到一个机会逃出。

张骞继续向西行，经过十分友好的大宛、康居等国，终于找到了大月氏。但十几年过去了，大月氏对匈奴早就没有了报仇之心，所以没有达到结盟的目的。张骞在大月氏逗留了一年多，只好返回。返回途中，又被匈奴扣留一年多，后来趁匈奴内乱，才逃回汉朝。这已经是元朔三年（公元前126年）了。张骞历经13年的艰难险阻，虽然没有完成任务，但他的精神和意志非常坚强，是中国历史上著名的探险家。

张骞回来后，将他在西域的所见所闻向汉武帝详细介绍。汉武帝知道了西域地方广大，物产丰富，同时知道了蜀地还有一条路可以通西域，这促使汉武帝开通西南通道。

元狩年间，河西走廊已经被收回，从匈奴手中夺取西域已成为可能。汉武帝耀武西域，获取宝物的心理再次膨胀。于是，他再次派张骞带着"数千巨万"财物出使西域，但这次是联络乌孙出击匈奴。

这次出使让西域各国看到了汉王朝的富庶，了解了汉朝的情况，西域各国纷纷派使者出使汉朝，加强了相互之间的联系。汉朝与西域各国从此有了正式往来。汉朝向西域输出铁器、丝绸和中原的穿井术,穿井术也就是今天还能见到的坎儿井;西域向汉朝传入核桃、葡萄、石榴、蚕豆、胡萝卜、大蒜、黄瓜等食物,以及天马(也就是汗血宝马),还有胡琴、琵琶等乐器。

元鼎三年(公元前114年),张骞去世,他先后两次出使西域,被封为博望侯,他的探险行为被史书称为"凿空"。此后,汉朝通过征楼兰、姑师、大宛,派细君公主、解忧公主与乌孙和亲等方法,逐步打通了西域的通道。汉武帝还派使节沿着这条道路行至伊朗、印度、伊拉克,甚至到达了埃及的亚历山大城。

丝绸之路

丝绸之路是经由张骞开辟,以长安为起点(一说洛阳,东汉首都),通往甘肃、新疆、中亚、西亚并联结地中海的交通运输线。丝绸之路的开辟与汉武帝时期张骞通西域是分不开的。这条路首先是一条政治和军事之路,伴随着的是商业贸易。在汉代,经由丝绸之路向西输出的主要是丝绸,向东输入的主要是黄金、象牙、琥珀、宝石等物品。

丝绸之路的东西两头联结着当时世界上非常强大的两个国家:汉朝和罗马帝国。据有的学者考证,第一支丝绸商队到达波斯的时间是公元前106年,再由此传到罗马。丝绸之路在人类文明史上占有重要地位,促进了人类文明的交流。自汉代开辟的不仅有西边的丝绸之路,还有海上丝绸之路和南方丝绸之路。

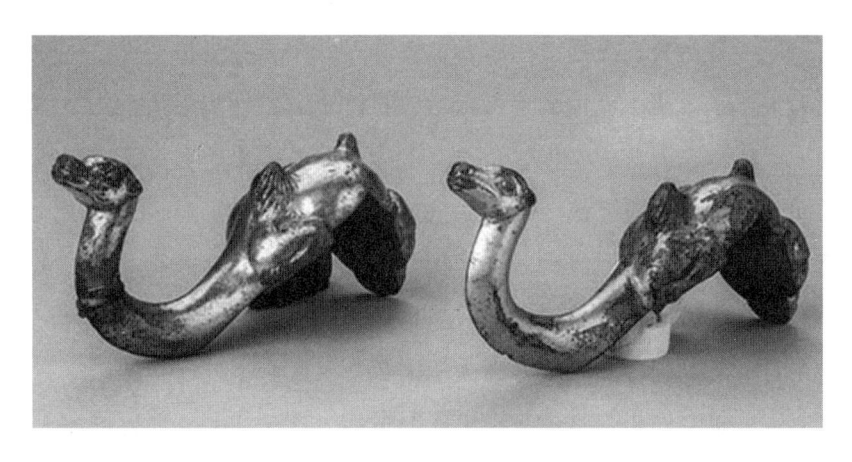

鎏金青铜骆驼形钮钟架构件，其中的骆驼来自中亚细亚

汉武帝的晚年

通过以上讲述，我们知道汉武帝一生做了很多事情。他把汉朝推向了高峰，也使中国古代文明走向了一个高峰。后世把秦皇和汉武相比拟，正是历史的真实写照。但是，汉武帝晚年时，长期的专制统治与好大喜功使他本人及社会所面临的问题越来越严重。

巫蛊之祸

巫蛊是一种迷信活动，就是利用巫师对某人进行诅咒，或者把某人的名字刻在木偶上埋在地下，对其进行诅咒。汉代人相信这么做会给被诅咒的人带来灾难，甚至死亡。因此，汉代法律严厉禁止这种活动。但是，巫蛊往往变成统治阶级内部斗争的一种手段。

汉武帝共有六个儿子，卫皇后所生的刘据为太子。汉武帝末年，卫皇后失宠，一个叫江充的人获得汉武帝的信任。有一次，他向汉武帝报告太子的使者走在只有皇帝才可以走的驰道上，得到汉武帝的赞赏。汉武帝命令江充搜查当时在长安甚至宫中十分流行的巫蛊。江充因为得罪了太子，他怕太子上台后对自己不利，就利用这个机会诬陷太子。江充先说宫中有蛊气，又派人搜查，据说果然在太子宫中找到了桐木人。江充向汉武帝报告，太子刘据十分紧张，与少傅商议，矫诏发兵捕杀了江充。汉武帝非常愤怒，派丞相刘屈氂围捕太子，太子兵败自杀。汉武帝穷追巫蛊案，巫蛊之祸中前后被杀的有数万人。刘据死后不久，高寝郎田千秋为太子申冤，汉武帝也发现当初江充有许多诬告不实之词，于是提拔田千秋为丞相，族灭江家，处死追捕太子的官吏。汉武帝在弥留之际，立刘弗陵为太子，是为汉昭帝。

汉武帝晚年提拔最后一个丞相田千秋，是因为田千秋抓住了武帝暮年对巫蛊之祸颇追悔的心情，武帝用他为相，可能是出于抚慰昔日心灵创伤的需要，这是专制政体下官僚更替无序性的典型表现。史称："千秋无他材能术学，又无伐阅功劳，特以一言寤意，旬月取宰相封侯，世未尝有也。"连匈奴单于也说："苟如是，汉置丞相，非用贤也，妄一男子上书即得之矣。"武帝听到此言后，"以为辱命"，欲下使者吏，但"良久，乃贳之"。（《汉书·公孙刘田王杨蔡陈郑传》）"良久"反映了武帝复杂的心情，"乃贳之"即赦免了这个人，表明他承认单于说的是事实。但汉武帝已经没有办法了，这是巫蛊之祸的政治后遗症。

轮台罪己诏

面对长期与匈奴的战争和好大喜功的挥霍而导致的国库空虚，以及农民起义风起云涌的现实，汉武帝流露出后悔之意。征和四年，桑弘羊等人上书汉武帝，建议在轮台（今新疆轮台县）戍兵以备匈奴，汉武帝驳回桑弘羊等人的建议，并下诏反思自己，称"当今务在禁苛暴，止擅赋，力本农，脩马复令，以补缺，毋乏武备而已"。也就是说，当前的首要任务是禁止苛暴的政策，不要滥发民力，不要增加百姓的负担，要大力发展农业生产。又说"朕即位以来，所为狂悖，使天下愁苦，不可追悔。自今事有伤害百姓，靡费天下者，悉罢之"，意思是我在位以来，所做的很多事情很荒唐，使天下的老百姓愁苦不堪，我感到很后悔，从今以后，凡是伤害老百姓的事情，一律要罢黜。史称"轮台罪己诏"。

汉武帝还放弃了追求长生不老的想法，"于是悉罢诸方士候神人者"，自叹说："向时愚惑，为方士所欺。天下岂有仙人，尽妖妄耳！节食服药，差可少病而已。"

这一年，汉武帝封田千秋为富民侯，起用赵过为搜粟都尉，推广代田法，政策开始调整转变。两年之后，70岁的汉武帝去世，结束了他的时代。

西汉中晚期的政局

文：卜宪群

汉武帝死后的昭帝、宣帝时期，被史家称为"中兴"时期，西汉社会再次出现了繁荣富庶的局面。此后，则逐步走下坡路，直至王莽代汉。西汉中晚期的历史内容很多，这里我们只选取其中几个重要的历史问题介绍。

霍光辅政集团

汉武帝去世后，继位的汉昭帝年仅八岁，不可能自己主政。对于这一点，汉武帝自己也明白，因此他临终前已经做好了安排。汉武帝安排了霍光、金日䃅、上官桀和桑弘羊受遗诏辅政，其中霍光尤其得到汉武帝的信任。

霍光是霍仲孺的儿子，霍仲孺以小吏的身份在平阳侯家干活，与侯家侍者卫少儿私通，生下霍去病。霍仲孺归家后，又娶妇生下霍光。所以，霍光与霍去病是同父异母的兄弟。后来，卫少儿的妹妹卫子夫嫁给汉武帝并被立为皇后，霍去病以"皇后姊子贵幸"。霍去病知道霍仲孺是自己的生父后，就给他买田宅奴婢，并将霍光接到长安，任郎，后迁为诸曹侍中。霍去病死后，霍光又担任奉车都尉、光禄大夫。

明万历刻本《三才图会》的霍光像

霍光受到重用当然绝不仅仅是因为他与霍去病的关系，历史记载，霍光"出入禁闼二十余年，小心谨慎，未尝有过，甚见亲信"。霍光在宫中20多年，非常小心谨慎，做事未尝有过错，足见他是一个有心人，因此得到了汉武帝的充分信任。汉武帝去世前，认为只有霍光可以"任大重，可属社稷"，就是认为只有霍光能辅佐汉朝的社稷，所以汉武帝让他辅佐少子刘弗陵。汉武帝对他说，"立少子，君行周公之事"，并送给他一幅周公负成王会见诸侯的画。可见，汉武帝对霍光是充分信任的。在立太子时，汉武帝还下令处死钩弋夫人，目的就是减少外戚干政，为霍光辅政扫清道路。（钩弋夫人赵氏，汉昭帝刘弗陵的生母，齐国河间人，据说天生双手握拳，因此被称为"拳夫人"。汉武帝过河间，"望气者言此有奇女"，一日召见她，她才将手展开。传说她的手展开后，掌中握有一玉钩，因此被封为钩弋夫人，后被封为婕妤。）因此，汉昭帝继位后，史书记载"政事一决于光"。

金日磾也颇得汉武帝的信任。金日磾本是匈奴王的太子，霍去病征匈奴时，匈奴王被杀，金日磾被送到长安，在宫里养马。一个偶然的机会，金日磾被汉武帝看见，史称他"容貌甚严，马又肥好"，就是说金日磾长得相貌堂堂，马又喂得很好，于是汉武帝封他为马监，后又迁为侍中、驸马都尉、光禄大夫。其中侍中这个官职很重要，表示他直接在皇帝左右。他与霍光一样，史书上说他"未尝有过失，上甚信爱之"。据《汉书》载，金日磾的两个儿子从小在汉武帝身边，因与汉武帝嬉闹而受到他的呵斥。后来他的长子因与宫人"戏"，竟被他杀了。汉武帝非常悲伤，同时对金日磾更加敬重。

上官桀，西汉陇西上邽人，汉武帝时任太仆。他的孙女是昭帝的皇后，而他与霍光是亲家。上官桀因为对汉武帝"忠"而获得信任。据说上官桀在做厩令时，也就是做养马官的时候，汉武帝见他养的马瘦弱，大怒。上官桀说，我听说您的身体不好，日夜担心，心思不在养马上。并且，说着说着就大哭起来。

桑弘羊则是因为推行经济改革取得成功而受到重用。

辅政四人中，霍光为首，金日磾、上官桀为副，桑弘羊更低一点，实际权力掌握在霍光手中。霍光忠实地执行了汉武帝死前制定的

山东嘉祥武氏墓群石刻中的金日磾（左）与休屠王（右）

政策,"因循守职,无所改作","知时务之要,轻徭薄赋",同时与"匈奴和亲,百姓充实","流民稍还,田野益辟,颇有畜积",西汉社会又出现了一些生机。

燕盖谋反

昭帝继位比较匆忙,皇室内部和大臣之间都有不同意见。汉武帝死后,这种矛盾终于爆发出来。

汉武帝的儿子中,燕王刘旦是比较有学问和才能的,但他野心太大。巫蛊之祸中太子刘据死后,刘旦就认为皇位非己莫属,主动上书要求宿卫,引起汉武帝的极大不满。昭帝继位后,刘旦大怒,声称"我当为帝",并且散布昭帝非武帝子,而是霍光等所立的谣言。他还串通中山哀王之子刘长、齐孝王之孙刘泽等谋反。消息泄露,刘泽被杀,刘旦被特赦。但刘旦并没有吸取教训,而是继续与盖长公主、上官桀勾结谋反。

盖长公主是汉武帝的长女,也是昭帝和刘旦的姐姐。盖长公主有一个男宠丁外人,丁外人和上官桀之子上官安关系密切。上官安娶霍光之女为妻生了一个女孩,也就是霍光的外孙女,刚五岁,上官安就想把她送入宫为昭帝后,被霍光拒绝。上官安通过丁外人和盖长公主的关系,终于达到目的,将女儿立为皇后。

上官桀、上官安父子为报答丁外人的恩情,请封丁外人为侯,这一请求被霍光阻止。这样,盖长公主、上官桀、上官安皆与霍光有怨。他们很快就与燕王刘旦联合起来。桑弘羊因与霍光政见不同,也和这些人搅在了一起。

刘旦用金钱贿赂这些人，这些人又暗中协助刘旦，不断上书诬告霍光专权等。但14岁的昭帝头脑很清醒，不仅没有相信这些诬告，反而逮捕了上书者。于是，他们密谋刺杀霍光，废昭帝。结果事情败露，上官桀、上官安、桑弘羊、丁外人等被族诛，刘旦自缢而死。

盐铁会议

盐铁会议是一次非常著名的会议。昭帝始元六年（公元前81年），霍光以昭帝的名义发布诏书，命令御史大夫桑弘羊、丞相田千秋召集贤良文学60多人，以"民所疾苦，教化之要"为题目，就政府的现行政策举行一次大规模的讨论会。

这次会议召开的重要背景是辅政大臣如何执行汉武帝晚期的政策问题。霍光主张继续执行汉武帝晚年定下的政策，劝农息兵，与民休息。但桑弘羊不同意，与上官桀等联手反对。统治阶级高层内部分为两派。贤良文学按照霍光的意图抨击桑弘羊，而桑弘羊也针锋相对地反驳。因这次会议讨论的主要问题落在了盐铁上，故称为盐铁会议。汉宣帝时，宣帝命令桓宽把这次会议的记录整理出来，这就是我们今天所看到的《盐铁论》一书。会议讨论的内容很广泛，主要有以下三个问题：

盐铁官营

贤良文学首先提出要罢除盐铁、酒榷、均输等官，认为这些是民间疾苦所在。桑弘羊则认为其中虽有不便于民的地方，但是朝廷抗击匈奴、赈灾、修水利、防止地方豪强膨胀都需要这笔收入，所以不能废除。

匈奴和战

贤良文学提出要休战，用财物与匈奴和亲，认为武力不如"文德"，要感化匈奴，维持和平。这个观点当然是迂腐的。桑弘羊认为，只有通过战争才能使匈奴降服。

法治和德治

贤良文学认为，严刑峻法不可久也，"政宽则下亲上，政严则民谋主"。因此，要推行德治政策。然而，桑弘羊坚持以暴力为主的法治政策。这在当时并非完全合适。

盐铁会议上，双方展开了激烈的争论。盐铁会议后，贤良文学揭露政治弊端的一些话还是发挥了一些作用，与民休息的政策得到宣传，汉武帝晚年的政治思想得到进一步的贯彻实施，如罢除征收酒税的榷酤官，部分地区停止铁器官营，官吏选拔上"用吏多选贤良"。也就是说，通过这次会议，贤良文学的部分意见还是得到了政府的采纳。

汉宣帝的统治

汉昭帝在位13年就去世了。昭帝去世后，就是著名的海昏侯刘贺继位，当然"著名"要打引号。接下来我们就来谈谈刘贺这个人。

汉昭帝死后，因无后，大臣推荐武帝第四子广陵王刘胥（只有他在世）继位。但有大臣说刘胥"好倡乐逸游"，"动作无法度"，反对立刘胥为帝。于是，霍光又改立昌邑王刘贺（刘髆之子，武帝之孙）为帝。但此人行为更加乖张，在位27天就被废了。据说他在27天里共做了1000多件坏事，被霍光废黜为庶人，就是废为普通老百姓，回到了他父亲所在的封地昌邑，在今天的山东巨野。汉宣帝继位以后，考虑到刘贺对他的威胁不大了，就封他为海昏侯，将其从山东迁到江西南昌。海昏侯的墓葬已于2011年在江西南昌新建区被发现，墓中出土了非常丰富的藏品。

江西海昏侯墓出土的成堆钱币

刘贺被废以后，接下来的问题是谁来继位？在直系的皇亲中，只有原太子刘据之孙刘询与皇室的关系最近、最亲。巫蛊之祸中刘据死后，刘询的父亲史皇孙刘进也被杀。刘询被廷尉丙吉保护并送到民间抚养，后被赦免，养在宫中，并娶许广汉之女为妻。汉宣帝自幼在民间，与朝中没有太多政治关系，这一点很符合霍光的要求。所以，汉宣帝继位有特殊原因，也与霍光的特殊要求有关。

汉宣帝时期，承袭了昭帝以来的宽松政策，轻徭薄赋。因为汉宣帝长期生长于民间，故"知民事之艰难"，特别重视吏治，以霸道和王道两种思想治理国家（霸道即法家，王道即儒家），而非儒家一家。从史书上可以看到,宣帝一朝出现的循吏非常多。汉宣帝对地方官的选拔任用尤为重视,往往在任用过程中亲自和他们谈话。历史上称昭帝到宣帝这一时期为"昭宣中兴"。

汉宣帝还有一项重要的历史功绩,就是设置西域都护府。在清除了匈奴在西域的势力之后,公元前60年,西汉政府在乌垒城(今新疆轮台境内)建立西域都护府,行使行政管理,史称"汉之号令班西域矣"。西域正式纳入了西汉王朝的版图,具有重大的历史意义。

西汉晚期的政局

宣帝时期继承武帝的治国政策,实施"霸王道杂之"的政治方针。但宣帝之后,情况就不一样了。《汉书》记载了一段精彩的对话:宣帝的太子刘奭"柔仁好儒。见宣帝所用多文法吏,以刑名绳下,大臣杨恽、盖宽饶等坐刺讥辞语为罪而诛,尝侍燕从容言:'陛下持刑太深,宜用儒生。'宣帝作色曰:'汉家自有制度,本以霸王道杂之,奈何纯任德教,用周政乎!且俗儒不达时宜,好是古非今,使人眩于名实,不知所守,何足委任!'乃叹曰:'乱我家者,太子也!'"。大意是说宣帝与他的太子即后来的元帝对话。元帝指责宣帝用法太深,应该多用儒生。宣帝听了元帝这番话,脸色大变,他说汉家制度本来就是儒法两家都用,不能只用儒家。宣帝还说,以后刘家天下要乱,就是太子的原因。《汉书》记载的这段对话,为我们了解汉代后期治国方针的演变提供了很好的材料。

西汉从元帝、成帝开始,出现了宦官、外戚交替专政的局面。成帝铲除了宦官弘恭、石显等人后,外戚又开始专权。汉成帝的母亲王政君是元帝的皇后，王皇后有兄弟八人，分别是王凤、王曼、王谭、王崇、王商、王立、王根、王逢时。历史上的著名人物王莽就是王曼的儿子。成帝即位后，沉湎于酒色，不过问朝政，朝政大权落到皇太后王政君手中。王政君乘机操纵朝政，外戚迅速崛起。河平二年（公元前27年），王氏五兄弟王谭、王商、王立、王根、王逢时同日封侯，"王氏子弟皆卿大夫侍中诸曹，分据势官满朝廷"。王氏子弟占满了朝廷的各种要职。

王氏在成帝时虽然兴盛起来了，但就王莽这一支来说，情况又有异。王莽之父王曼早死，不及封侯。所以，王莽和他的叔伯兄弟比起来，显得有些"幼孤，不及等比"，史书说他"孤贫"，有些自卑感。王莽的姑姑元后王政君怜悯他幼年丧父，把他接到宫中养起来，这使得王莽从小对宫中的情况比较熟悉，为他日后走向权力顶峰奠定了一定的基础。当然，这是后话。

成帝死后，哀帝继位。汉哀帝刘欣是元帝的孙子，成帝的侄子。汉哀帝时，社会矛盾越来越尖锐，特别是土地兼并、自耕农的奴婢化非常严重。哀帝用师丹辅政，排挤外戚王氏。师丹提出了限田、限奴婢的方案，遭到了权贵特别是外戚丁氏、傅氏的反对，最后限田、限奴婢的方案不了了之。汉哀帝虽有振兴朝政的想法，却无力回天。哀帝本人在政治上也有不少腐败的地方，如宠幸董贤，给予董贤很多赏赐，当时天下都议论纷纷。汉哀帝在位的时间很短，年纪轻轻就去世了。

哀帝去世后，汉元帝的孙子平帝刘衎（kàn）继位，年仅9岁，太皇太后王政君垂帘听政，大司马王莽掌握国政，至此西汉王朝的灭亡已成定局。

公元6年，14岁的平帝去世，一说是被王莽用毒酒毒死的。公元8年，外戚出身的王莽废除孺子婴，代汉建立新朝，西汉灭亡。

王莽与新朝

文：卜宪群

"沽名钓誉"的王莽

王莽，魏郡元城（今河北大名县东）人。史书记载，王莽自幼勤奋好学，喜欢结交有才华之士，为人"恭俭"，对人彬彬有礼，对母亲、寡嫂和叔伯父礼敬有加，还"养孤兄子"。尤其是对他的伯父大司马王凤，恭顺备至。王凤生病，王莽守护着他，"亲尝药，乱首垢面，不解衣带连月"，感动了王凤。这些都为王莽赢得了非常好的名声。王凤死前，把王莽托付给元后和成帝照顾。因此，王凤

王莽像

死后，24岁的王莽被任命为黄门郎，迁射声校尉，踏入仕途。

步入仕途后，王莽更加小心谨慎，不仅极力处理好和叔伯父的关系，也极力拉拢其他贵族官僚。30岁时，元后追封王莽的父亲王曼为新都哀侯，由王莽继承，并升迁为骑都尉、光禄大夫、侍中。史书记载他"爵位益尊，节操愈谦"，就是说他官当得越大，越谦卑。但是，实际上王莽做了很多沽名钓誉的事情，也做了很多让普通人不理解的事情。比如他"散舆马衣裘，振施宾客，家无所余"，几乎把家中所有的东西都施舍给朋友和亲戚。他在儿子和侄子的婚宴中数次离席，声称去为生病的母亲送药。他买了一个侍婢，又怕人说他好色，就连忙表明是替别人买的，当天就把侍婢送人了。这些事情都与西汉后期的社会风气不同，为他赢得了许多赞誉。

其实，王莽并不像大家想象的那么忠厚。王莽的表兄、王太后的外甥淳于长发迹在先，他的地位超过了王莽，而且他善于阿谀奉承，深受汉成帝信任，赐爵关内侯，后封定陵侯。王莽的地位在淳于长之下，要获得大司马之位，必须除掉淳于长。最后，王莽通过不光彩的手段除掉了淳于长。绥和元年（公元8年），王根告退，38岁的王莽被任命为大司马辅政。

王莽任大司马不到半年，汉成帝就死了，汉哀帝刘欣继位。汉哀帝刘欣是元帝的庶孙，不是成帝之子（成帝无子），所以和王政君没有关系。王氏家族包括王莽在内，在朝廷的势力被大大削弱。

王莽在朝中失势，在社会上却声名鹊起，这都是他沽名钓誉的结果。比如有一次，他的儿子王获杀了一个奴婢，他竟然逼王获自杀偿命。在当时，像王莽这样的政治地位高的人，为了一个奴婢逼迫自己的儿子自杀，这显然是在沽名钓誉。王莽还非常注意拉拢士人和地方官，引起社会上很多人对他的赞誉。

汉哀帝依靠佞幸董贤辅政。董贤与汉哀帝的关系极好，哀帝死前竟然把玉玺都交给董贤，但董贤极其无能。汉哀帝死后，元后又把王莽召回，重新任命他为大司马。

王莽代汉

汉哀帝死后，无子，公元1年，立中山王刘箕子（刘衎）为帝，年仅9岁，是为汉平帝。72岁的元后称制，朝政大权落到王莽手中，王莽从此一步步登上权力的巅峰。

汉哀帝与董贤"断袖之癖"，出自陈洪绶《博古叶子》

"颂声交作"

王莽重新掌握权力后，铲除异己，废成帝的赵皇后和哀帝的傅皇后，消灭一切与王氏外戚作对的人。甚至他的儿子王宇有牵连，也被处死，包括怀孕的儿媳妇也不放过。王莽对不顺承他的人罗列罪名打击，但他自己不出面，往往通过别人来上下其手达到目的。

王莽获得权力后，不断指使党羽在全国各地为他歌功颂德，为他请赏，而他自己则假装谦让，或者把受赏的财产分给穷人。比如皇帝赐给他新野田25,600顷，他辞谢不受，结果有487,572人要求加赏他。越让官越高，最后竟然被封"安汉公"，位在三公之上。王莽自比周公，史书上说他"颂声交作"。假如没有后来的历史发展，历史上王莽的形象一定非常好。

从假皇帝到真皇帝

元始五年（公元5年），王莽被加"九锡"。有人上书建议让安汉公代行天子之事，平帝仿效周成王。但平帝已经14岁，不愿受王莽摆布。平帝生病后，王莽又假装去请命，愿以身代平帝。平帝死后，王莽将2岁的刘氏宗亲刘婴立为皇帝，称孺子婴。王莽"如周公故事"，一切礼仪与天子相同，行皇帝之权，称"假皇帝"，臣民称他为"摄皇帝"，也就是代理皇帝。

初始元年（公元8年），四川梓潼人哀章做了一个铜匮，伪造了一份符书装在里面，说王莽是真天子，并把一些大臣的名字写在上面，说这些人要做辅佐大臣。哀章把这个铜匮献给王莽，王莽立即下诏书诏告天下，即天子位，改国号为"新"。54岁的王莽终于当上了皇帝。把孺子婴赶下台时，王莽还假装痛哭流涕，虚伪到极点。符书上写的辅佐大臣也一一拜封。

王莽改制

改官名

王莽在西汉政权的基础上，根据他改造后的"五德"学说，编造出一套古史系统，对传统官爵名称进行了一系列改造。

他根据儒家经典，把中央和地方的官名都加以改变，如改大司农（掌管农业）为羲和，后改为纳言；改少府（掌管皇室家事）为共工；改太仆（为皇帝掌管车马）为太御；改卫尉为太卫；改太常为秩宗；改郡太守为大尹；改县令长为宰。这些改名在我们考古发现的王莽时代的文书中可以得到印证。

他恢复五等爵，滥加封赏，却把受封的人留在长安食禄，有的人因为俸禄无着不得不以佣作为生，更多的官吏则竞为奸利，受贿赂以自给。

"王田"和"私属"

为了解决西汉晚期最突出的土地和奴婢问题所造成的社会两极分化，王莽在始建国元年（公元9年）下了一道著名的诏书。在这道诏书中，王莽指责秦代以来破坏了三代的井田制，造成严重的土地兼并。豪民依仗权势，把土地出租给穷人，表面上收国家规定的三十税一，实际上把大半的收入都拿走了，穷人没有办法生活，只好犯法，官府就用严厉的刑罚来对付老百姓。奴婢和牛马放在一起出卖，甚至把别人的老婆、儿女掠卖为奴婢，等等。王莽认为这都是不符合"天地之性人为贵"的原则的。

为了解决这些问题，王莽提出的办法就是实行"王田"和"私属"政策，其主要内容如下：土地归国家所有，不得买卖，称为"王田"；八口男丁之家，占田不得超过一井，即九百亩；占田超过规定的家庭，将多余的田分给宗族和乡邻；无田之家，可以按照上述规定授田；奴婢改称为"私属"，不得买卖；反对实施井田制的人，将被流放到边境。

王莽的这两项措施是针对现实社会问题，根据儒家理想制定的，客观地说，有解决社会危机的愿望。但是，在土地私有已经蓬勃发展的西汉，"王田"制度是根本行不通的。根据考古发现，这项制度也确实短暂地推行过，但根本无法阻止土地的兼并，也无法阻止农民的破产。奴婢问题也同样不能得到解决。因为这两项政策是违反经济规律的。

"五均"赊贷和"六筦"

王莽在首都长安和洛阳、临淄、邯郸、宛、成都六个城市设立"五均"官,负责管理市场、平抑物价和征收工商税。具体办法是工商各业按照其经营向市申报,市派钱府定期向他们收税。各司市在每个季度的第二个月定出各种商品的法定价格。粮食、布帛等物,如果卖不出去,政府要按照法定价格收购。某种商品的市价如果高于法定价格,政府就把所控物资出售;如果低于法定价格,政府则不干预。老百姓如果遇到祭祀、丧事或者生产方面的困难,由国家向他们无息或低息贷款。这些都可以从传统儒家经典中找到依据。

"六筦"即六管,就是由国家管理盐、铁、酒专卖以及铸钱和征收山泽税,控制和垄断工商业,增加税收,再加上五均赊贷,共为六筦。"五均""六筦"是需要强有力的中央集权才能推行的,但是在西汉晚期,中央集权已经衰弱不堪,所以这项政策的失败也是必然的。

币制改革

王莽的货币改革十分混乱,不仅不符合经济发展的内在规律,还引起了经济混乱,加速了王莽政权财政的崩溃和人民的破产。此项法令引起的民愤最大。

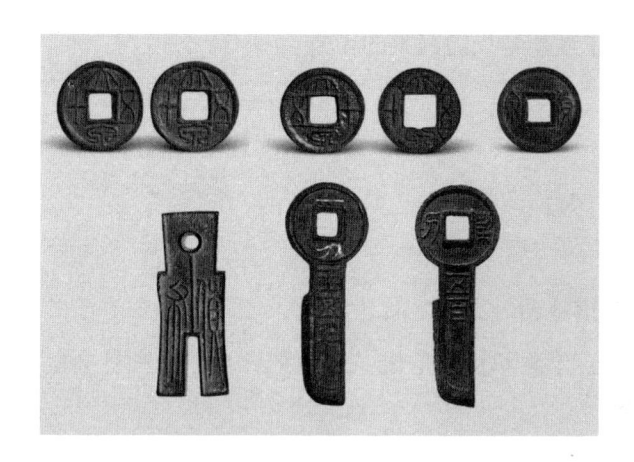

第二章 秦汉——统一多民族封建国家的建立 255

王莽新朝的各种货币

地名和行政区划、封号的改变

有人说王莽称帝后的主要"工作"就是改名，就连国号也多次变更，先后称为"新室""新家""薪世""薪"等。

王莽认为汉武帝以来的十三州不符合儒家经典，改为十二州，后又改为九州。又以洛阳为新室东都。郡名几乎全改了。

西汉地方行政机构原本只有两级，王莽改为州、部、郡、县四级。为了封官许爵的需要，王莽新设立不少郡县，不仅老百姓弄不清楚这些地方，连官员也不了解。

首都长安改为常安，洛阳改为义阳、宜阳，长乐宫改为常乐室，未央宫改为寿成室等，不一而足。

王莽对周边国家和民族也不放过。匈奴单于的名字为囊知牙斯，是音译，王莽认为"中国不得有二名"，于是匈奴单于将名字改为"知"。王莽还把汉朝赐给匈奴的"匈奴单于玺"改为"新匈奴单于章"，把"匈奴单于"改为"降奴服于"，把"匈奴"改为"恭奴"，把"高句丽"改为"下句丽"，把少数民族的王改为侯。这些政策都激化了新朝与周边民族的矛盾。

新朝的灭亡

王莽的措施朝令夕改、食古不化，激化了各个方面的矛盾，不仅没有解决社会矛盾和社会危机，反而把社会矛盾和社会危机推向了更深的境地。

王莽统治时期，先后爆发了吕母起义、绿林赤眉起义等。起义军节节胜利，地皇四年（公元23年），王莽被杀，新朝灭亡。灭亡之前，王莽还举行了声势浩大的哭天仪式，想通过向天哭泣的方法来挽救他的政权，这当然是一种妄想。

历史上有一首诗："周公恐惧流言日，王莽谦恭下士时。假使当年身便死，一生真伪有谁知。"大意是说，如果王莽去世得早，还没有当皇帝，那么历史上就很难知道这个人的真伪了。这种假设虽然没有意义，但是对王莽及其新朝的评价，还是值得我们认真反思的。

光武中兴

文：卜宪群

仕宦当作执金吾，娶妻当得阴丽华

刘秀，南阳蔡阳（今湖北枣阳）人，汉高祖刘邦九世孙，他的七世祖是长沙定王刘发，曾祖父时迁到南阳。刘秀字文叔，兄弟三人，排行老三。他的父亲刘钦做过南顿（今河南项城附近）县令，他就出生在这个县的吏舍里。其父仅为一县令，说明他们这一支与皇室已经比较疏远。《汉书·平帝纪》载："宗室子……汉元至今，十有余万人。"可见，到了西汉末年，刘氏宗族后裔的数量是何等庞大。刘秀这一支族人生活在南阳，地位一代不如一代。到了刘秀这里，基本成了布衣平民，不过仍属于当地的大地主。刘秀九岁丧父，由他的叔父

阎立本《古帝王图》里的汉光武帝像

抚养长大。

刘秀自幼读书，又"性勤于稼穑"，做过贩卖粮食之类的小生意，也从事农业生产。他的兄弟刘经常嘲笑他"事田业，比之高祖兄仲"。王莽天凤年间，刘秀离开家乡来到长安，学习《尚书》，史书说他"略通大义"，看来造诣不是太深。

王莽末年，社会越来越乱，刘秀回到家乡经营自己的田产。与他的哥哥刘相比，刘秀为人处世比较谨慎。据《后汉书·齐武王》载，刘"性刚毅，慷慨有大节。自王莽篡汉，常愤愤，怀复社稷之虑，不事家人居业，倾身破产，交结天下雄俊"。而刘秀却谨厚柔和，他年轻时的理想是"仕宦当作执金吾，娶妻当得阴丽华"。

执金吾是汉代九卿之一，负责京城警备巡防。阴丽华是南阳新野大地主的女儿，是当地有名的美女。当一名威武风光的二千石官员，娶一个漂亮女人为妻，从这两句话可以看出，那时候的刘秀虽然理想也不小，但不像一个准备成就一番大事业的人。当各地起兵，包括他的兄长都在趁乱起兵反对王莽的统治时，刘秀还在谨慎观望。在南阳贩卖粮食时，刘秀结交了一批大商人、大地主，李通就是其中之一。李通以"刘氏复起，李氏为辅"的谶语（预示吉凶的隐语）鼓动刘秀。当时谶纬十分流行，刘秀认为"天变已成"，才下决心起兵。

建武元年（公元25年），刘秀在鄗（hào）城（今河北柏乡县北的千秋亭登基，国号汉，史称东汉，改元建武，刘秀即汉光武帝。但是，光武帝当时拥有的只是北方一隅，直到十几年后，他才消灭遍布各地的农民起义和割据各地的地方豪强，建立起统一的专制主义中央集权的封建王朝。

解王莽之繁密，还汉世之轻法

东汉王朝建立后，刘秀采取了一系列措施来恢复生产，稳定社会秩序，以巩固政权。

阴丽华像，出自清代画作《百美新咏图传》

"以柔道行之"

高明的统治者面对残破的社会现实，都会采取减轻负担的做法。西汉初年就是如此。东汉初年的刘秀虽然不信奉黄老思想，却主动采取了与西汉初年相似的"无为"之策。《后汉书·循吏列传》说"光武长于民间，颇达情伪，见稼穑艰难，百姓病害，至天下已定，务用安静，解王莽之繁密，还汉世之轻法"。"务用安静"与西汉的"与民休息"政策不谋而合。所以，刘秀建立政权后，采取的是一种安抚、怀柔的政策。

这种"柔道"表现在社会政策上，就是安抚吏民，减轻赋役。与汉武帝不同，光武帝不鼓励官吏严厉镇压所谓的"盗贼"，对于官吏故意回避或放纵者，也不严苛追究责任。对放下武器回归田里的"盗贼"，政府不予追究，还给他们生产资料，让他们从事生产。

东汉也采取轻徭薄赋的政策，开始行什一之税，但很快于建武六年（公元30年）改为三十税一。

"选用良吏"

刘秀的"柔道"是针对社会，针对百姓。对吏治，刘秀却要求甚严。他十分注意官吏的选拔任用，要求很高，对不称职者处罚很严。他选用官吏的标准是任用文士、儒生等有气节者，重用有主张、有才干的能人。在他统治时期，出现了一批"良吏"，对发展生产、稳定秩序、巩固东汉政权产生了积极作用。

提倡节俭

西汉末年的社会非常讲究奢华，而东汉初年，刘秀则非常节俭。后宫嫔妃的生活也很节俭，郭皇后出身豪富之家，但"好礼节俭"，阴后"在位恭俭，少嗜玩"，所以当时后宫形成了一股节俭的风气。

刘秀建陵墓，"地不过二三顷，无为山陵，陂池裁令流水而已"。他还要求整个社会都实行薄葬，建武七年（公元31年）下诏说："世以厚葬为德，薄终为鄙，至于富者奢僭，贫者单财，法令不能禁，礼义不能止，仓卒乃知其咎。其布告天下，令知忠臣、孝子、慈兄、悌弟薄葬送终之义。"意思就是要臣下、儿子、兄弟都懂得薄葬送终的道理，反对以厚葬为荣的风气。这些对社会生产的恢复、社会风气的改善都有积极意义。

释放奴婢和刑徒

西汉末年的社会动荡造成了大批奴婢的出现，刘秀大力推行释放奴婢的政策。奴婢问题是引起西汉末年社会危机的重要原因，刘秀深刻认识到这一点，从建武二年（公元26年）到建武十四年（公元38年），他针对奴婢问题发布了七次诏书，宣布释放奴婢。诏令免奴婢为庶人的范围主要是：王莽代汉期间被非法没收为奴婢的，因贫困嫁妻卖子为奴婢的，在王莽末年因饥荒或战乱自卖为奴婢的，在战乱中被掠为人妻的。另外，还提高奴婢的待遇，规定不许任意杀伤奴婢，废除"奴婢射伤人弃市律"，就是废除奴婢如果射伤了人就要被杀头的法律。这些都说明奴婢的身份、地位较过去有所提高。

东汉献食陶俑、庖厨陶俑，是东汉时期豪强家庭奴婢劳作的真实写照

同时，光武帝还多次宣布释放刑徒，即"见徒免为庶人"。这些政策缓和了西汉晚期以来的阶级关系，稳定了部分人心。

精兵简政

东汉建立后，虽然注重加强集权，却也注意精兵简政。史书记载，西汉哀帝时，全国"自丞相至佐史，凡十三万二百八十五员"。东汉初，刘秀下令精简机构，《后汉书·光武帝纪》记载，"吏职减损，十置其一"。据《通志》记载，东汉官吏总数是"七千五百六十七"，而西汉的官吏是"十三万二百八十五"，虽然数字不是很准确，但对比来看，东汉确实裁减了不少官员，达到了精兵简政的目的。

"度田"

土地是封建国家的经济基础。由于战乱和豪强兼并隐瞒，国家掌握的土地和人口资料很不准确。因此，建武十五年（公元39年），刘秀下诏"州郡检核垦田顷亩及户口年纪"，对全国的垦田和户口登记情况进行核查。

度田，既要度农民的田，也要度地主的田，而从中央到地方的各级官吏大都在农村拥有地产，并且凭借势力隐瞒，不愿意丈量土地，呈报户口。所以，度田政策遇到了空前的阻力。

史书记载这种情况有多处，如有的官吏把普通老百姓的房屋也统计在内，对豪强、有势力的人则尽量少算土地和人口。度田引起社会不满，民怨沸腾，满路呼喊。虽然度田政策遇到了很大的阻力，实施效果也未必好，但刘秀这么做，是力图对大土地所有者加以控制。

专制主义中央集权的强化

东汉国家政权的组织形式在西汉中晚期制度的基础上又有了新的发展变化，其主要特征是专制主义中央集权进一步强化。

东汉政权的统治基础

要分析专制主义中央集权问题，需要对东汉政权的统治基础进行分析。东汉的建立者刘秀代表的不是个人，而是一个社会阶层的利益。与西汉初年的统治者出身中小地主阶层不同，东汉政权的开创者几乎个个都是大地主、大商人，以南阳、河北两地为主。

这些豪强地主往往是率领整个宗族跟随刘秀出征打仗。战争胜利后，他们被封王侯，成为新贵族、新官僚，形成豪强地主阶层。东汉政府则从政治、经济上维护他们的特权。

"退功臣而进文吏"

如何对待这些开国功臣，是刘秀要考虑的问题。共同打天下容易，共同坐天下就难了。西汉初年分封功臣的历史教训，刘秀不会不知道。刘秀建国后，考虑如何妥善安排功臣的问题，他的做法与刘邦不同。

首先，刘秀给予功臣礼遇，赏赐有加。但是，刘秀优待功臣有两个原则：一是"不欲功臣拥众京师"，即领有重兵的功臣都在边地，远离政治中心；二是"不任以吏职"，即不让功臣参与议论和管理国家大事。

其次，进用文吏。史书说刘秀是"退功臣而进文吏"。所谓"文吏"，有两个含义：一是与儒生相对，二是与功臣相对。这里指的是后者。刘秀招揽"天下俊贤"即文士，充实各级官吏职位。一些不愿意在王莽时期做官的人，纷纷加入东汉政权。刘秀还把西汉以来的察举制度加以继承和完善，选拔更多的人才为东汉政权服务。这些文吏没有军功，不像功臣那样专横跋扈，不会对皇权产生威胁，使中央集权得到了加强。

最后，防止外戚干政。刘秀接受西汉晚期的历史教训，规定外戚后族"不得封侯与政"，也就是不得参与政治。

郡国并行

东汉初年分封了一些诸侯王和列侯，在形式上与西汉是一样的，但是与西汉又有显著不同。

第一，东汉王国的封区比西汉小得多。西汉"夸州兼郡，连城数十"，而东汉一般只是一个郡，最多两个郡。从数量上来说，东汉的封国比西汉多，但在领地范围上，东汉无法和西汉比。

第二，西汉的诸侯王几乎拥有封地内的一切权力，诸侯国是一个独立王国。东汉的诸侯王只有衣食租税的权力，没有政治上的管理权，王国里的官吏由中央任命。

因此，东汉的很多诸侯王就住在京师混日子，根本不去封国。法律还严格禁止诸侯王与臣民结交。东汉的诸侯王在政治生活中没有地位。

加大尚书台的权力

以尚书台作为国家、中央的行政中枢，是刘秀建制初期就形成的制度。东汉政论家仲长统说，东汉政府"虽置三公，事归台阁"，意思是虽然设置了三公，三公的地位很高，但处理事情的大权在台阁，台阁即尚书台。

总之，光武帝刘秀在政治、经济、文化、社会管理等方面采取的一系列政策措施，对恢复两汉之际的社会秩序产生了积极的作用。此后，明帝、章帝继承了光武帝的政策，加上他们励精图治，东汉王朝迎来了一个社会稳定、经济发展、政治较清明的60多年的中兴时期。

东汉中晚期的政局与社会

文：卜宪群

　　东汉王朝近200年的历史中，光武帝、明帝、章帝、和帝统治的七八十年是东汉较为稳定的时期，政治、经济、社会处于全盛状态。和帝以后，东汉政权开始衰落。繁盛的原因主要在于这几朝的统治者大体继承了刘秀制定的基本政策，虽有风云（如章和时期，外戚窦氏专权），但尚无大碍。但是，和帝以后，经历了殇帝（刘隆）、安帝（刘祜）、前少帝（刘懿）、顺帝（刘保）、冲帝（刘炳）、质帝（刘缵）、桓帝（刘志）、灵帝（刘宏）、后少帝（刘辩）、献帝（刘协），10代皇帝共114年，这一时期东汉的统治严重腐败，政治黑暗。

　　政治腐败的表现是外戚、宦官交替专权。外戚、宦官专权是传统君主专制体制下的一种常见现象,中国历史上出现过多次,所起的作用基本是负面的。这是君主专制体制的必然结果,和帝以后的东汉历史就上演了这样一幕。

邓氏专权

元兴元年(公元105年),27岁的和帝去世,和帝的皇后邓绥不立长子刘胜,却把刚满百天的少子刘隆立为皇帝,是为殇帝。这是邓氏的故意安排。邓后是开国功臣邓禹的后代,邓后的母亲是光武帝皇后阴丽华从弟之女,父亲邓训是护羌校尉。出身贵族之家的邓绥既有良好的修养,又十分有心计。和帝在世时,邓后以恭谨谦让获得声誉。她吸取了前朝教训,对外戚抑制甚严,不让其过分骄横,占据高位。但和帝死后,殇帝即位仅三个月,以恭谨谦让闻名的邓后就给她的兄弟们封官,把持朝政。殇帝1岁就夭折了,邓后又立13岁的刘祜

和帝皇后邓绥事迹图,出自清代焦秉贞绘《历朝贤后故事图》册之《戒饬宗族》

为帝(即安帝),继续控制朝政。邓后(太后)把持朝政时,应当说政治还是比较清明的,她要求邓氏家族的人严格管束自己,对违法者也不庇护,笼络士人,举荐人才。据说被称为"关西孔子"的廉吏杨震,就是被邓后的兄长邓骘举茂才的。邓后也比较关心民情,注意节俭,实行所谓的"德政"。

但是,矛盾并不是没有,安帝对邓氏的专权就非常不满。邓后一方面依靠外戚,一方面更依靠宦官,宦官参政在这一时期有所增加。

阎氏专权

在宫门深禁中,只有外戚和宦官两种势力活跃。邓太后死后,安帝立即铲除了邓氏一门的势力,同时封帮助过他的宦官江京、李闰侯爵,二人后升迁为中常侍。与此同时,皇后阎氏一门也开始得势。阎后的兄弟们掌握了禁军,把持朝政,并鼓动安帝废太子刘保为济阴王。这个集团与宦官勾结在一起,较邓氏集团更加腐败,引起了以杨震为代表的被称为"清流"的士大夫们的反对。他们要求安帝节省开支,谨慎封官予爵,加剧了与"浊流"(即宦官集团)的冲突,受到宦官的诬告。宦官们诬陷杨震为"邓氏故吏,有恚恨之心",将其罢免故里。杨震在洛阳城西的几阳亭饮鸩自杀。

延光四年(公元125年),32岁的安帝在出巡途中猝死。阎氏秘不发丧,回到宫中,与兄长阎显迎立一个久病不起的小孩刘懿为帝,即少帝。阎氏乘机消灭了宦官集团,独揽大权,势力达到极盛。

顺帝至桓帝时，宦官和外戚交替专权

少帝在位200余天就去世了。以孙程为首的18个宦官发动政变，立11岁的济阴王刘保为帝，是为顺帝。阎氏兄弟有权无能，很快被杀，朝政大权从阎氏手中转移到宦官手中。宦官的势力比以前大为膨胀，比如孙程要求死后把封国传给他的弟弟，顺帝竟然允许，又封孙程的养子为侯，开创了宦官养子封侯的先例。

宦官的专权再次引起"清流"士大夫们的反对，主要人物有左雄、李固等，他们认为宦官的主要问题是对人民凶残，藏污纳垢，无功获取官爵，因此要罢除宦官，用清白的儒生替代那些贪官污吏。但是，这些士人除了依靠外戚，也没什么办法。于是，顺帝的外戚梁氏获得朝臣们的支持，取代宦官掌握大权。

顺帝的皇后是东汉开国元勋梁统的后代，她的父亲梁商在顺帝时为执金吾、大将军，"居大位"。梁商为人谨慎，《后汉书》称他"每存谦柔，虚己进贤"，也颇注意笼络民心，遇到饥荒时，用家中的粮食接济穷人，皇帝和士人对他的评价都不错。梁商临死前，还告诉他的家人："气绝之后，载至冢舍，即时殡敛。敛以时服，皆以故衣，无更裁制。殡已开冢，冢开即葬。祭食如存，无用三牲。孝子善述父志，不宜违我言也。"就是说要薄葬，有什么衣服就穿什么衣服，不要奢靡。总体来说，梁商还是一个不错的人，但是到他的儿子梁冀掌权时，情况就完全不同了。

梁冀的性格正好与梁商相反，专横跋扈，才能低下。《后汉书·梁统列传》中说："为人鸢肩豺目，洞精䀩眄，口吟舌言，裁能书计。少为贵戚，逸游自恣。性嗜酒，能挽满、弹棋、格五、六博、蹴鞠、意钱之戏，又好臂鹰走狗，骋马斗鸡。"就是说他是个结巴，好斗鹰走狗，爱喝酒，爱玩各种游戏，完全是一个没有能力的流氓形象。

梁商死后，顺帝拜梁冀为大将军，他的弟弟梁不疑为河南尹，专权朝政。不久，30岁的顺帝去世，年仅2岁的冲帝刘炳继位，梁太后临朝称制，大权掌握在梁冀手中。冲帝在位不到一年就去世了，梁太后与梁冀又立8岁的刘缵为帝，是为质帝。

质帝虽然年少，但很聪明，对梁冀的专横非常不满，说梁冀是"跋扈将军"。梁冀知道后，在质帝的食物中下毒，可怜的质帝在位不到两年就被毒死了。质帝死后，15岁的刘志被立为桓帝，仍然是梁太后临朝，梁冀辅政。桓帝立梁冀的妹妹为皇后，梁氏的势力登峰造极。

这个时期，有正直的朝臣如李固、杜乔等力挽狂澜，坚持己见而丢官失职，甚至牺牲性命。也有人见风使舵，明哲保身，胡广就是其中的典型，故京师有谚语说："万事不理问伯始，天下中庸有胡公。"他一会儿站在李固、杜乔一边，一会儿站在梁冀一边，完全看风向行事，所以他能做几十年高官不倒。当时老百姓还有谚语说："直如弦，死道边。曲如钩，反封侯。"做人很正直，就会屈死在路边；做人像钩子一样弯曲，反而能封侯。"曲如钩"说的是梁冀、胡广等，"直如弦"说的是李固、杜乔等。

梁太后死后，朝政大权全落在梁冀手里，

梁太后、梁冀、李固等人像

梁冀更加飞扬跋扈。他和他的妻子孙寿为了享受，把洛阳近郊的民田都霸占下来，作为梁家的私人花园，里面亭台楼阁，应有尽有。梁冀爱养兔子，在河南城西造了一座兔苑，命令各地交纳兔子。他还在兔子身上做上记号，谁要是伤害了梁家兔苑里的兔子，就是死罪。有个从西域来的商人不知道这个禁令，杀死了一只兔子。因为这件案子，十几个人被株连丢了性命。

梁冀把几千个良家子女抓来作为奴婢，称他们为"自卖人"，意思就是他们是"自愿"卖给梁家的。他还派人去调查有钱的人家，把富人抓来，随便给他们安上一个罪名，叫他们拿出钱来赎罪，出钱少的就判死罪。各地送给皇帝的贡品先要送给梁冀府，到他家求官送礼的人络绎不绝。

为了表示对他的尊重，皇帝也允许他上朝可以不小步快走，可以佩剑。他的心腹监视着朝廷内外的一切活动，掌握着所有人的升迁。谁要升官，必须听他的话，给他家送礼。

梁氏家族前后有7人封侯，3人为皇后，6人为贵人，2人为大将军，食邑称君者7人，尚公主者3人，任卿、将、尹等官职者57人。这样的黑暗政治延续了20多年。

梁皇后死后，梁冀失去了宫中的依靠，汉桓帝也终于忍受不了了，秘密联络了单超等5个与梁冀有仇怨的宦官，趁梁冀不备，发动禁军1000多人，突然包围了梁冀的住宅，收回了梁冀的印绶，改封他为乡侯。梁冀与其妻孙寿自杀，牵连被免者300多人，"朝廷为空"，"官府市里鼎沸，数日乃定，百姓莫不称庆"。梁冀的家产，一共值30多亿钱，当年朝廷减免天下一半的租税。

但是，此后的历史并没有像大家想象的那样光明，消灭梁氏的5个宦官同日被封侯，东汉历史走向更加黑暗的深渊。

灵帝的腐败

桓帝的最后一个皇后是窦后。桓帝死后，因无子，窦太后和她的父亲窦武立汉灵帝刘宏，外戚和宦官的争权夺利更加激烈。灵帝12岁，无力也无能，他常说"张常侍乃我父，赵常侍乃我母"，朝政由宦官把持。灵帝喜好奢侈的生活，政治上乏善可陈。国库空虚，他竟公然"开西邸卖官，自关内侯、虎贲、羽林，入钱各有差。私令左右卖公卿，公千万，卿五百万"。有一次，一个名为崔烈的人托关系以500万钱买得司徒，拜见灵帝时，灵帝说"悔不小靳，可至千万"，意思是我后悔没有再抬一下价格，可以卖到千万钱。

汉灵帝游戏无度，史称"帝作列肆于后宫，使诸采女贩卖，更相盗窃争斗；帝著商贾服，从之饮宴为乐。又于西园弄狗，著进贤冠，带绶。又驾四驴，帝躬自操辔，驱驰周旋；京师转相仿效"。在宫中开辟很多市场，让宫女们贩卖商品，他自己穿着商人的衣服，整天喝酒娱乐。这些都使得东汉更加腐败。

中平六年（公元189年），34岁的汉灵帝去世，少帝继位，不久被废。后9岁的刘协继位，是为献帝，东汉政权名存实亡。

《三国演义》中将汉桓帝与汉灵帝时期在内专擅朝政的十位宦官作为标志代表人物，称为"十常侍"

党锢之祸与黄巾起义

文:卜宪群

在外戚和宦官交替专权,政治极端腐败的环境中,统治阶级内部仍然有一批正直、有识之士在奋起抗争,这种抗争尽管是软弱无力的,但仍然值得我们敬重。汉末的党锢之祸就是这样一场悲剧。

党锢之祸的起因

党锢之祸的起因可以从两个方面看:一是外戚、宦官把持朝政,政治黑暗,统治阶级中的有识之士为了国家的长治久安,出于正义,奋起抗争。这是中国古代士大夫的一种理想传统在现实中的表现。二是外戚、宦官的黑暗统治使在野的士大夫失去了政治上的目标追求，为寻求出路，不得不奋起抗争。

与外戚、宦官的抗争并非起源于东汉晚期。和帝时就有袁安、任隗和窦氏的斗争，安帝时有杨震、李固、杜乔反抗外戚和宦官的行动。如汉安帝派杜乔等八位特使去各地巡行风俗，监察吏治，其中官位最低、年纪最轻的张纲在接受命令后，"独埋其车轮于洛阳都亭"，即把车轮子埋起来不愿意去巡行，说"豺狼当路，安问狐狸"，明确指出梁冀等外戚就是豺狼，不除了他们，巡行是没有意义的。那时，反对外戚和宦官的士人已经自命为"清流"，而把外戚和宦官及其依附者视为"浊流"。

梁冀毒杀汉质帝

桓灵时期，这种不满已经由朝中个别人的自发行动，引发为一场更广泛的政治行动，从中央传播到地方，从官僚传播到太学生及一般知识分子。《后汉书·党锢列传》中有一段非常著名的话形容这场斗争："逮桓灵之间，主荒政缪，国命委于阉寺，士子羞与为伍，故匹夫抗愤，处士横议，遂乃激扬名声，互相题拂，品核公卿，裁量执政，婞直之风，于斯行矣。"针对黑暗政治，这些有政治良心和社会良心的人挺身而出，坚决提出批判。

其实，除了对政治腐败不满的道德良心外，还有一个重要的问题，就是外戚、宦官阻碍了这些士人的政治前途。他们已经不能以正常的途径进入仕途，金钱、裙带、请托已经替代了以前相对公平的官员选拔制度。

以察举制为例，顺帝时河南尹察举六名孝廉，被权贵指定的就有五人。当时有谚语说:"举秀才,不知书;察孝廉,父别居。寒素清白浊如泥,高第良将怯如鸡。"(《抱朴子·审举》)就是说举秀才,字都不认识;说这人孝,他和他的父母却是分开居住的。孝廉的事迹完全是造假。

这些事导致了朝廷"清流"官僚、在野士大夫、太学生、郡国生徒联合起来,反抗外戚、宦官的专权与腐败政治。

"清议"与"党人"

太学是桓灵时期抨击外戚、宦官的基地,他们采取的方式是"清议"。桓帝时,太学生已经达到三万多人,人数众多,出身也比较复杂,农夫、小商小贩等不少社会下层人士也在太学学习。

他们以"清议"的方式评论、抨击时政,评论的范围非常广泛,如朝廷为政的得失、官吏人品的高低、吏治的清浊等。这种评论又以谣谚的形式广为传播,由于谣谚编写得生动形象,老百姓都听得懂,所以社会影响非常大。《后汉书·党锢列传》记载了"清议"的出现及"党人"形成的过程。

他们的清议不是停留在口头上,而是付诸实际行动。

两次政治请愿

桓帝时,朱穆被任命为冀州刺史,他打击州内的贪官污吏,拒绝拜见州里的中常侍,严厉查处在州里胡作非为的宦官。当时宦官赵忠丧父，归葬冀州境内的安平，葬礼违制（使用了金缕玉衣等），朱穆下令查处，剖棺陈尸，逮捕家属。朱穆的行为触犯了宦官集团，在宦官的左右下，桓帝将朱穆撤职下狱。此事在太学生中引起极大的反响，他们数千人聚集到皇宫门前上书，为朱穆鸣不平。这篇奏章痛斥了宦官的罪恶，奏章中所说的"窃持国柄，手握王爵，口含天宪"成为历代形容宦官专权的名句。迫于压力，桓帝释放了朱穆。这是第一次请愿。

第二次请愿是因为皇甫规案。皇甫规廉洁、公正，看不惯梁氏专权，讽议时政。梁冀怀恨在心，多次陷害他。由于拒绝宦官索贿，皇甫规被打入牢狱。太学生联合300多士大夫到皇宫前请愿，终于使皇甫规被释放。

打击宦官势力

在太学生请愿的同时，一部分正直的官吏也在各地打击宦官的势力。桓帝时，白马令李云"露布"（即公开内容）上书，公开指责单超等中常侍把持下的朝廷"官位错乱，小人谄进，财货公行，政化日损"。结果李云被下狱，弘农郡的五官掾上书，愿与李云同日死。大鸿胪陈蕃则说如果皇上您杀了李云，"剖心之讥复议于世矣"，直把桓帝比为殷纣王。

还有许多官吏打击外戚、宦官的作恶行为，著名的有杜密、刘祐、蔡衍、李固、杜乔、陈蕃、李膺、范滂、陈寔、成缙、张俭等。如李膺在任司隶校尉时，把大宦官张让的弟弟、野王令张朔处死，连皇帝责问都被他驳斥。此后宦官连"休沐"都不敢出皇宫之门，说是"畏李校尉"。

党锢之祸

这场斗争终于白热化了。延熹九年（公元166年），河内有个叫张成的人，善于方伎，推算说会有大赦的机会，故意令子杀人。河南尹李膺将其逮捕，果然遇赦。李膺十分愤怒，不顾赦令，将其处死。宦官集团唆使张成的弟子牢修上书，指控李膺"养太学游士，交结诸郡生徒，更相驱驰，共为部党，诽讪朝廷，疑乱风俗"，意思就是说他结成朋党，诽谤朝廷。被宦官控制的桓帝"震怒"，开展了一场全国范围的逮捕"党人"的行动。但这时的党人声名、地位都很高，需要三公府同意，时任太尉的陈蕃拒绝平署，桓帝更加愤怒，把李膺下狱拷问，牵连200多人。有的党人闻风而逃，朝廷重金悬赏逮捕，执行逮捕的使者相望于道，地方官吏为邀功，乱捕一气，全国陷入一片恐怖气氛中。

但是，在大逮捕中，许多党人表现出英勇气概。陈寔听说被逮捕的人越来越多，自己前往监狱，宣称"吾不就狱，众无所恃"，意思就是我不下地狱，谁下地狱。皇甫规见自己没有被列入"党人"名单，上书自称"附党"，要求朝廷逮捕他。

范滂在狱中被提问时说："古之循善，自求多福；今之循善，身陷大戮。身死之日，愿埋滂于首阳山侧，上不负皇天，下不愧夷、齐。"意思就是我死了以后，希望把我埋在首阳山，让我不负皇天，也不愧对先贤，让我对得起像伯夷、叔齐这样的贤人。最后连审问他的宦官王甫都被感动，为他解除了桎梏。

由于党人的供词多牵连宦官及其子弟的恶行，宦官集团自己也害怕了，于是请"赦"党人。永康元年（公元167年），赦党人200余人归田里，禁锢终身，永远不得出仕。

北宋书法家黄庭坚作品《范滂传》

党锢之后，党人的声名更高，如范滂归家时，当地士大夫来迎接他的车有数千辆。这些党人被视为"名士"，被加上了各种美名，如"三君""八俊""八顾""八及""八厨"等。君者，言一世之所宗也；俊者，言人之英也；顾者，言能以德行引人者也；及者，言能导人追宗者也；厨者，言能以财救人者也。这些都表示对他们行为的肯定。

永康元年，桓帝死。建宁元年（公元168年），灵帝即位，外戚窦武为大将军辅政。窦武对宦官极为不满，起用陈蕃为太傅，与胡广录尚书事，标志着党禁的解除。他们向窦太后请求尽除宦官，没有得到允许。但是窦武、陈蕃的计划被宦官获知，宦官组织力量迅速向党人反扑，窦武、陈蕃皆兵败身亡，李膺、杜密、范滂等百余人被诬告杀害。同时被杀害、禁锢、流放的有六七百人。在这次斗争中，党人依然表现出无畏的精神。李膺被捕前，乡人劝他逃走，他说"事不辞难，罪不逃刑，臣之节也。吾年已六十，死生有命，去将安之？"。范滂听说诏书至县，自己投狱，并拒绝潜逃。范滂的母亲对他说："汝今得与李、杜齐名，死亦何恨！"意思是说你今天能和李膺、杜乔齐名，死也无所恨了。党人"望门投止"，老百姓"破家相容"，就是不怕受牵连，接纳这些人。这说明他们的行为得到了社会的支持。这是第二次党锢之祸。

近代谭嗣同变法失败后，在狱中写下了著名的《狱中题壁》诗：

"望门投止思张俭（张俭因为揭发朝中权贵而受报复，被通缉，逃亡在外，望门投宿，时人慕其名节，纷纷接纳），忍死须臾待杜根（杜根因为要求听政的邓太后还政于皇帝，差点被人摔死）。我自横刀向天笑，去留肝胆两昆仑。"这就是汉代正直之士和党人的精神对后世的影响。

至此，士大夫、太学生等对外戚和宦官的斗争彻底失败。中平元年（公元184年），汉灵帝宣布解除党禁，但这无济于事，东汉政权的灭亡已成定局。

黄巾起义与东汉灭亡

在东汉政府的腐败统治下，中平元年爆发了由张角领导的黄巾起义。这是一次有组织、有计划的起义，起义虽然失败了，但给予了东汉政权致命的打击，加速了东汉的灭亡。

《太平经》

黄巾起义的准备与《太平经》一书有关。汉顺帝时，琅邪人宫崇向顺帝献了他的老师于吉所藏的一部"神书"《太平清领书》，后来被称为《太平经》。这是一部宣扬阴阳五行、天人感应的迷信书。这部书送上去以后，被朝廷认为"妖妄不经"而收了起来。桓帝时，又有一个叫襄楷的人向朝廷献此书，同样被拒绝接受。

东汉政府拒绝承认这部书的合法性，是因为书中的思想十分复杂，既有迷信的成仙思想，也有改造社会和追求太平社会的美好理想，如反对统治者的严刑酷法，主张平均财富，反对压迫和剥削，提出"人无贵贱，皆天所生"的平等思想。还认为积聚财富而不肯救穷是人生的六大罪之一，而不肯自食其力也是人生的六大罪之一。这部书不是成于一人之手，也非一时完成，内容比较庞杂。

《太平经》主要在下层社会流传，这本书是如何与黄巾军联系到一起的呢？这要说到张角这个人。

张角与太平道

巨鹿人张角在宫崇献书被拒绝后得到此书，并创立了太平道。信奉《太平经》是太平道的特点。张角利用《太平经》中的一些平均思想唤醒民众，为起义做组织工作。

张角派弟子8人分赴各地，以传道为名组织群众，在10余年间聚集徒众数十万人，并且计划在甲子年起兵。

从组织形式到政治口号、起义具体时间，张角都做好了安排。这是一次有组织、有机会的起义。"甲子"即公元184年。其实地方官早已知道张角的行动，但"州郡忌讳……莫肯公文"，就是地方官知道，但为了避免被问责，不愿写成公文汇报，所以中央政府不知道。起义原定于甲子年三月五日在首都和地方同时发动，由于叛徒唐周告密，被迫提前发动。

张角像

起义的经过与失败

数十万人头裹黄巾为标志，因此称为黄巾起义。张角自称天公将军，其弟张宝自称地公将军，张梁自称人公将军。由于有了长期的准备，"旬日之间，天下响应"。

黄巾军的主力集中在冀州、颍川、南阳三个地方。在起义初期，黄巾军取得了较大的胜利，直逼洛阳。在这种形势下，统治阶级内部的矛盾暂时缓和下来，集中力量对抗黄巾军。汉灵帝派大将军何进首先阻挡进军洛阳的黄巾军；同时解除党禁，命皇甫嵩、朱儁镇压颍川的黄巾军；派卢植镇压河北的黄巾军。著名历史人物曹操也参与镇压了黄巾起义。开始时起义军还取得了一定的胜利，但很快形势急转直下。首先是颍川的黄巾军失败，东汉政府调皇甫嵩北上进攻冀州的黄巾军，朱儁转攻南阳的黄巾军，南阳的黄巾军也很快失败。这时张角突然病逝，起义失去总指挥。河北的黄巾军在张梁的领导下浴血奋战，但被皇甫嵩偷袭成功，3万人战死，5万人"赴河"牺牲，在河里淹死了。起义失败。此后，黄巾军的余部坚持战斗20余年，直到东汉灭亡。

东汉灭亡

黄巾起义后，东汉政权名存实亡。在镇压黄巾起义的过程中，各地军阀、豪强割据一方，拥有了自己的武装。灵帝死后，少帝刘辩继位，以何进为首的外戚与官僚联合消灭宦官，并召并州牧董卓进京参与。董卓进京后，废少帝立献帝，专权朝政。各地军阀又以讨伐董卓为名纷纷起兵，拉开了东汉晚期军阀混战的帷幕。

建安二十五年（公元220年），曹操的长子曹丕废汉献帝，自己登上皇帝之位，东汉灭亡。历史翻开了新的一页，中国历史从此进入三国时期。